Björn Elsner
Sascha Schmidt

Ratgeber Referendariat

Alle wichtigen Infos und Hilfen zum
Referendariat in einem Band

Dieser Band ist unseren Eltern gewidmet – den besten Lehrern, die man sich für das Fach „Leben" vorstellen kann.

Großer Dank geht (in alphabetischer Reihenfolge) an Milena Bartel, Birgit Beutel, Monika Bieg-Körber, Julia Bohner, Simone Graser, Fabian Kolb, Kerstin Haizmann, Helmut Heinzelmann, Birgit Jooß, Eberhard Neubauer, Michael Ruoff, Matthias Thaler sowie das Kollegium der Kocherburgschule Unterkochen. Ihr habt uns auf unserem Weg begleitet und geprägt. Dafür wollen wir euch danken.

Gedruckt auf umweltbewusst gefertigtem, chlorfrei gebleichtem und alterungsbeständigem Papier.

3. Auflage 2017
© Auer Verlag, Augsburg
AAP Lehrerfachverlage GmbH
Alle Rechte vorbehalten.

Illustrationen: Julia Bohner
Satz: fotosatz griesheim GmbH
Druck und Bindung: Kessler Druck + Medien GmbH, Bobingen
ISBN 978-3-403-07723-7
www.auer-verlag.de

Inhaltsverzeichnis

Vorwort

Liebe Leserin, lieber Leser!

An dieser Stelle möchten wir uns für deine Entscheidung bedanken, diesen Band zu kaufen. Vermutlich stehst du kurz vor deinem Lehramtsreferendariat oder befindest dich schon inmitten der Ausbildungsphase. Tausende von offenen Fragen, die Angst vor unbekannten Situationen und enormer Prüfungsdruck sind einige jener Dinge, die einem stets begegnen, wenn man mit Referendarinnen und Referendaren über ihr Empfinden während dieser besonderen Zeit spricht. In Zeiten einer äußerst aktiven Bildungslandschaft kommt zusätzlich noch eine scheinbar unüberschaubare Vielfalt an Unterrichtsformen und Methoden hinzu, die den Berufsanfänger weiter verunsichern können.

Genau an diesem Punkt standen auch wir vor einigen Jahren und fragten uns, warum es eigentlich bis dato kein Buch gab, das eben all jene wichtigen Fragen und Themenbereiche abdeckt. Denn auf diese Weise wäre es möglich gewesen, sich bereits im Vorfeld auf das einzustellen, was später auf uns zukommen sollte.

In unserer späteren Zeit als Klassenlehrer standen wir stets in Kontakt zu Praktikanten und Referendaren, die uns ebenfalls ihr Leid klagten und so fassten wir schließlich den Entschluss, unsere Erfahrungen zusammenzutragen und in gebündelter Form allen zukünftigen Anwärterinnen und Anwärtern zur Verfügung zu stellen. Wir hoffen nun, dass dir dieser Band ein treuer Begleiter auf dem Weg in den Lehrberuf sein wird und dir die Angst vor dem scheinbar „unbezwingbaren" Referendariat nehmen kann.

Sascha Schmidt & Björn Elsner

Aus Gründen der Lesbarkeit wurde stets die männliche Form verwendet – natürlich sind damit auch die Referendarinnen angesprochen.

1 Das Referendariat – ein neuer Lebensabschnitt

1.1 Das Referendariat – Vorurteile vs. Realität

Stress pur, keine Zeit für Freunde und Familie sowie Arbeit bis tief in die Nacht: Kaum eine andere Ausbildungszeit ist in diesem Maße mit negativen Vorurteilen behaftet wie die des Referendariats. Es kursiert eine Vielzahl an Geschichten, welche von Schlaflosigkeit bis hin zu gescheiterten Liebesbeziehungen reichen. Doch was ist tatsächlich dran an diesen Horrorvisionen?

Ein neuer Lebensabschnitt beginnt
Legen wir die Fakten doch einmal auf den Tisch: Während des Referendariats beginnt für dich ein neuer Lebensabschnitt, in welchem du aus der größtenteils passiven Rolle im Studium herausgerissen und als aktive Lehrkraft in die Realität in Form des heutzutage existenten Schulwesens geworfen wirst. Dein Aufgabenfeld erweitert sich um ein Vielfaches und Eigenverantwortung spielt eine tragende Rolle in deinem Beruf. Dass diese neue Situation zunächst jede Menge zu meisternde Herausforderungen birgt, versteht sich von selbst. Zusätzlich stellen die ständig präsenten Prüfungen sowie der dadurch entstehende Leistungsdruck weitere belastende Faktoren dar. Trotzdem nimmt ein Großteil der Lehrer, die das Referendariat bereits absolviert haben (und dazu gehören auch wir, die Autoren), die Ausbildungszeit zwar als teils anstrengend, im Großen und Ganzen allerdings als positiv und machbar wahr.

Herausforderungen positiv betrachten

Insgesamt kommt es während des Referendariats insbesondere auf eines an: Nämlich wie du mit den verschiedenen Belastungen umgehst. Der Mensch wächst mit seinen Herausforderungen und im Laufe deines bisherigen Werdegangs hast du dir sicher bereits häufig die Frage gestellt, wie du das Bevorstehende denn wohl meistern sollst. Sei es das Erreichen der Hochschulreife oder das Absolvieren des Studiums, du hast es geschafft! Ansonsten würdest du nun schließlich nicht das Referendariat antreten und dieses Buch lesen. Ähnlich ergeht es dir auch während des Referendariats: Du wirst dir sicherlich oft die Frage stellen, ob du diesem Druck gewachsen bist und es können durchaus Situationen auftreten, in denen die Gedanken aufkommen, alles einfach hinzuwerfen. Mache dir in solchen Situationen allerdings stets bewusst, wie kurz du vor dem Ziel stehst und wie lange du für dieses Ziel bereits gekämpft hast. Lasse dich von solchen Gedanken auf keinen Fall aus der Bahn werfen und lasse dich vor allem im Vorfeld nicht von irgendwelchen Horrorgeschichten verunsichern! Zumeist erweist sich diese Angst als völlig unbegründet und die Geschichten werden von Menschen in die Welt gesetzt, die oftmals einfach nur ein wenig Aufmerksamkeit erringen möchten.

Der Weg ist das Ziel

Natürlich ist das Referendariat anstrengend und natürlich wird es Zeiten geben, in denen du wirklich viel leisten musst. Aber sind diese Zeiten nicht in jedem Berufsweg zu finden? Es gehört doch schließlich auch zur Entwicklung der eigenen Persönlichkeit dazu, seine Grenzen kennenzulernen und über sich hinauszuwachsen.

Betrachten wir das Referendariat doch einmal als Berg, den es zu erklimmen gilt. Auf der Spitze warten dein Abschluss und damit der Eintritt in den Lehrerberuf. Vom Fuße aus betrachtet erscheint der Berg als extrem hoch und nahezu unbezwingbar. Doch keine Angst, der Berg muss keinesfalls in einem Zug erklimmt werden! Vielmehr gehst du etappenweise vor: Etappe für Etappe näherst du dich in der Ausbildungszeit dem Gipfel. Während des Aufstiegs wirst du auf relativ flache und damit einfach zu erklimmende Passagen treffen. Genauso warten allerdings auch steile Hänge auf dich, welche deine volle Kraft und Konzentration erfordern. Erreichst du schließlich den Gipfel, so blickst du voller Stolz auf den absolvierten Weg zurück und der scheinbar unbezwingbare Berg wurde von dir gemeistert.

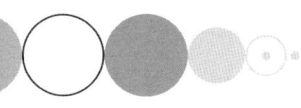

Es liegt an dir!

Generell solltest du dir folgenden Grundsatz gut einprägen: Schlussendlich ist jeder Mensch – und somit auch jeder Referendar – seines eigenen Glückes Schmied. Du hast es selbst in der Hand, ob du deine Nächte für die Schularbeit opferst oder ob du lieber deine Zeit am Nachmittag effektiv nutzt. Du hast es selbst in der Hand, ob zwischenmenschliche Beziehungen für das Referendariat vernachlässigt werden müssen oder ob du dir regelmäßig Auszeiten gönnst und der Pflege von Freundschaften bzw. Beziehungen nachgehst. Und schließlich hast du es auch selbst in der Hand, ob du dich vom Stress einnehmen lässt oder ob du dem durch eine gesunde Work-Life-Balance sowie beispielsweise Entspannungstechniken entgegenwirkst. Auf dem Weg zum Ziel soll dir dieses Buch stets dabei helfen, dass du das Referendariat fest im Griff hast und nicht umgekehrt.

1.2 Aufbau des Referendariats

In den vergangenen Jahren wurde oftmals Kritik hinsichtlich des fehlenden Praxisbezugs während des Lehramtsstudiums laut. Als Reaktion änderten einige Hochschulen die Länge und Anordnung der durchzuführenden Schulpraktika, was dazu führen sollte, dass Lehramtsstudenten bereits möglichst früh einen Einblick in den beruflichen Alltag erhalten. Im Gegensatz zum Studium mit nur begrenzten Praxismöglichkeiten wird während des Referendariats der Bezug zur Praxis großgeschrieben. Trotzdem verbringst du einen Teil deiner Ausbildung in sogenannten Seminaren, um theoretische Bezüge zum Unterrichtsalltag herzustellen. Die Vorbereitungszeit weist somit eine Zweigliedrigkeit auf, wobei die Zeit in der Schule den größeren Teil der Ausbildung ausmacht. In der Schule selbst wirst du sowohl dem Unterricht bereits erfahrener Lehrer beiwohnen (hospitieren) als auch selbst Unterricht durchführen und somit unmittelbare Praxiserfahrungen sammeln.

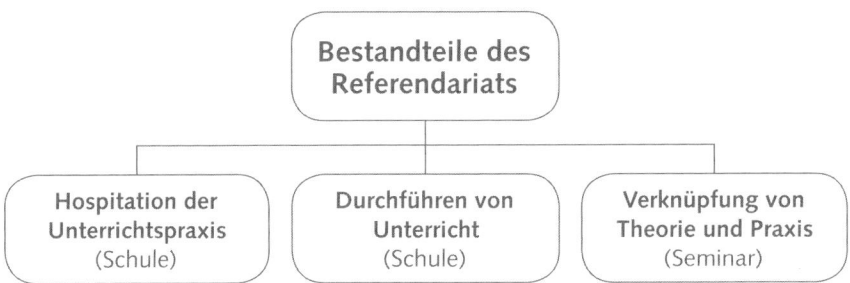

Das Seminar

Die Seminare stellen während des Referendariats in gewisser Weise den sicheren Rückzugsort dar, in denen über Erlebtes gesprochen und gleichzeitig Handlungsmöglichkeiten für die Schul- sowie Unterrichtspraxis erarbeitet werden. Je nach Bundesland unterscheidet sich hierbei die genaue Bezeichnung des Seminars: So wird dieses in Berlin als Studienseminar bezeichnet, während in Baden-Württemberg von staatlichen Seminaren für Didaktik und Lehrerbildung die Rede ist. Auch hinsichtlich der Häufigkeit sowie der Länge der Seminarsitzungen sind zwischen den einzelnen Bundesländern, aber auch zwischen den einzelnen Seminarstandorten innerhalb eines Bundeslandes Abweichungen vorhanden.

Die Gemeinsamkeit besteht bei allen Seminaren allerdings generell im Hinblick auf die übergeordneten Lehr- und Lerninhalte: Hierbei soll der Fokus nämlich stets auf den Bezug zwischen Theorie und Praxis gelenkt werden. Im Gegensatz zum Studium werden theoretische Modelle somit nicht nur präsentiert, sondern mit den alltäglichen Handlungen von Lehrern in Verbindung gesetzt. Hinsichtlich der thematischen Schwerpunkte werden in den Seminarveranstaltungen die Bereiche der allgemeinen Pädagogik, des Schulrechts sowie der Fachdidaktiken der jeweiligen Studienfächer abgedeckt.

Ansprechpartner in den Seminaren sind die sogenannten **Lehrbeauftragten / Ausbilder**, welche sich zumeist selbst noch als Lehrer im aktiven Schuldienst befinden und zusätzlich an den Seminaren als Ausbilder tätig sind.

Die Schule

Jeder Referendar wird bereits vor offiziellem Beginn der Vorbereitungszeit einer Stammschule zugewiesen. Diese ist für eine angemessene Ausbildung und dementsprechend der Ermöglichung des Sammelns von Praxiserfahrung verantwortlich. An den Schulen wirst du einem oder mehreren **Mentoren** zugewiesen, also Lehrkräften, die in der Regel bereits über einige Jahre Unterrichtserfahrung verfügen. Während der Ausbildung stellen diese Lehrkräfte deine Hauptansprechpartner dar.

Im Bereich der schulischen Arbeit können grundsätzlich zwei übergeordnete Tätigkeitsschwerpunkte für Referendare ausgemacht werden: die Hospitation sowie die Durchführung von Unterricht. Hospitation bedeutet nichts anderes, als dem Unterricht von anderen Lehrpersonen beizuwohnen, diesen zu beobachten und anschließend zu reflektieren, d. h. über Positives, aber auch über Optimierungsmöglichkeiten zu sprechen. Auf diese Weise können bereits vielschichtige Eindrücke des Unterrichtsalltags gesammelt werden. Zusätzlich bietet die Position des Beobachters die Möglichkeit, den Unterricht in gewisser Weise aus Sicht des Schülers zu betrachten und diesen Blickwinkel für Entscheidungen hinsichtlich der eigenen Praxis zu nutzen. Mit der Durchführung des eigenen Unterrichts soll schlussendlich auch das Sammeln von Primärerfahrungen in der Unterrichtspraxis ermöglicht werden. Einem Großteil der vom Referendar gehaltenen Unterrichtsstunden werden allerdings stets ein oder mehrere Mentoren beiwohnen, um anschließend Aspekte hinsichtlich der Unterrichtsplanung und -durchführung sowie pädagogischer Maßnahmen und der Entwicklung der Lehrerpersönlichkeit zu besprechen. Generell wird im Laufe der Vorbereitungszeit die Eigenständigkeit des Referendars stetig erhöht, sodass in den späteren Ausbildungsabschnitten oftmals keine Beobachter mehr am Unterricht teilnehmen. Abgeschlossen wird der Vorbereitungsdienst schließlich mit mehreren Prüfungen, in denen sowohl Theoriewissen als auch der Praxisbezug sowie der tatsächlich durchgeführte Unterricht des Referendars bewertet werden.

1.3 Aufgaben des Referendars

„Wie soll ich all diese Aufgaben eigentlich schaffen?" Entsprechende Gedanken stellen sich insbesondere zu Beginn der Vorbereitungszeit ein, stand während des Studiums doch stets eine relativ übersichtliche Anzahl an Tätigkeitsbereichen im Fokus. Die Aufgaben des Referendars hingegen stellen sich als wesentlich umfang- reicher und vielschichtiger heraus als möglicherweise zuvor gewohnt. Doch keine Angst! Alles ist bei entsprechend durchdachtem Umgang mit diesen Anforderungen machbar. Gerade in den ersten Wochen erweist es sich allerdings häufig als schwer, den Überblick über die verschiedenen Aufgabenbereiche zu behalten. Zu diesem Zweck wollen wir die wichtigsten Aufgabenfelder eines Referendars in diesem Kapitel kurz und knapp zusammenfassen.

Aktive Teilnahme an den Seminarveranstaltungen
Da das Referendariat grundsätzlich zweigliedrig aufgebaut ist, wird die Teilnahme an den Seminarveranstaltungen einen zentralen Teil deiner Ausbildung ausmachen. Eine aktive Teilnahme umfasst hierbei die regelmäßige Teilnahme an den Seminarveranstal- tungen (erlaubte Fehlzeiten können abhängig vom Seminar / Bundesland abweichen) sowie möglicherweise das Halten von Vorträgen bzw. Referaten.

Hospitation des Unterrichts der Lehrbeauftragten / Ausbilder
Je nach Bundesland und Seminarstandort werden unterschiedlich viele Hospitationen des Unterrichts der Lehrbeauftragten / Ausbilder vorausgesetzt. Viele Lehrbeauf- tragte / Ausbilder befinden sich noch im aktiven Schuldienst, weshalb es sich anbietet, deren Unterricht im regulären Schulalltag zu beobachten und zu reflektieren. Die Termine für diese Hospitationstage erfährst du rechtzeitig vorher von deinen Lehrbe- auftragten / Ausbilder.

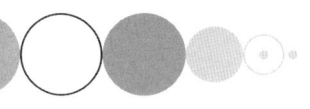

Hospitation des Unterrichts deiner Mentoren

Neben der Zeit am Seminar stellt natürlich die Zeit an der Schule den zentralen Bestandteil deiner Ausbildung dar. Hierbei ist es insbesondere der erste Ausbildungsabschnitt, in dem du eine große Anzahl an Stunden deiner Mentoren beobachtest und reflektierst. Zu diesem Zweck bietet es sich an, mit Beobachtungsbögen (siehe Vorlagen) zu arbeiten, um schnell und einfach wesentliche Bestandteile des Unterrichts schriftlich niederzulegen.

Unterricht halten

In der Regel wird dir bereits innerhalb der ersten Wochen die Chance geboten, selbst Unterricht zu halten, während dein Mentor dem Unterricht beiwohnt und dich anschließend berät. Die Zahl der selbst gehaltenen Unterrichtsstunden nimmt generell während des ersten Ausbildungsabschnitts stetig zu und ist individuell mit den entsprechenden Mentoren abzuklären. Die Seminare geben allerdings Richtlinien vor, wie hoch der Umfang des eigens durchgeführten Unterrichts sein sollte. Im zweiten Ausbildungsabschnitt nimmt die Zahl der Stunden, in denen du von deinem Mentor beobachtet wirst, prinzipiell ab und die Eigenverantwortung wächst.

Unterricht vor- und nachbereiten

Zur erfolgreichen Durchführung einer Unterrichtsstunde gehört selbstverständlich auch eine saubere und durchdachte Vorbereitung. Je nach angestrebten Stundenzielen müssen Sozialformen, Methoden und Medien gegeneinander abgewogen und ausgewählt werden. Im Anschluss der Stunde müssen entsprechende Entscheidungen anhand des tatsächlichen Verlaufs kritisch überdacht und Rückschlüsse für zukünftige Stundenplanungen gezogen werden. Unterricht kann also keinesfalls lediglich auf die tatsächliche Zeit einer Unterrichtsstunde beschränkt werden, sondern benötigt sowohl im Vorfeld als auch im Anschluss eine effektive Planung bzw. Reflexion.

Das Schulleben aktiv mitgestalten

Schule besteht nicht nur aus Unterricht: Die Schule als Institution umfasst eine Vielzahl an zusätzlichen sozial-kommunikativen Arbeitsfeldern wie z. B. Schulfeste, Abschlussfeiern oder Informationstage. Entsprechende Veranstaltungen müssen schulintern organisiert werden, was auch von dir als Referendar verlangt, aktiv an der Gestaltung mitzuarbeiten. Dies kann beispielsweise durch die Mithilfe bei der Organisation von schulischen Veranstaltungen sowie der allgemeinen Durchführung geschehen. Biete deine Dienste bei solchen Gelegenheiten am besten selbst an und warte nicht erst, bis du gefragt wirst. Achte aber auch gleichzeitig darauf, dass du dir Grenzen setzt und nicht zu viel zusätzliche Arbeit zumutest.

Die aktive Mitgestaltung des Schullebens bezieht sich neben der Durchführung entsprechender Festlichkeiten auch auf die Optimierung der Abläufe des Unterrichtsalltags. Exemplarisch wäre die Einrichtung von Räumen zu bestimmten pädagogischen Zwecken (z. B. als Lernatelier) zu nennen.

Elternarbeit

Zwar stellt das Aufgabengebiet der Elternarbeit einen Bereich dar, welcher nicht sofort mit der klassischen Schularbeit an sich assoziiert wird, jedoch sollte dieses Feld keineswegs unterschätzt werden. Vereinfacht betrachtet können die Eltern bzw. Erziehungsberechtigte in gewisser Weise als Kunden angesehen werden, welche ihre Kinder in die Schule bringen und somit einen personellen Dienstleister in Form des Lehrers in Anspruch nehmen. Dementsprechend treten sie mit unterschiedlichen Erwartungen an dich heran und erwarten natürlich hin und wieder Rückmeldung, inwiefern die Arbeit mit ihren Kindern erfolgreich war. Stelle dich also darauf ein, dass du es mit einer riesigen Bandbreite an verschiedenen Charakteren zu tun bekommst, denen du auf kommunikativer Ebene unterschiedlich begegnen wirst. Als typische Gesprächsrahmen seien an dieser Stelle der Elternabend oder der Elternsprechtag genannt.

Leistungsmessung

Am Schuljahresende und bereits zur Hälfte des Schuljahres ist es deine Pflicht als Lehrer, den Leistungsstand der Schüler in Form von Ziffernnoten oder anderen Rückmeldeformen wiederzugeben. Um den Leistungsstand objektiv einschätzen zu können, ist es daher notwendig, im Laufe des gesamten Schuljahres Leistungsmessung zu betreiben. Diese kann grundsätzlich mündlich bzw. schriftlich oder in Form von neuen Methoden der Leistungsmessung (z. B. mithilfe eines Portfolios) vonstattengehen. Je nach Bundesland sind hierzu unterschiedliche Vorgaben hinsichtlich der Anzahl und des Umfangs der schriftlichen Leistungsmessung existent. Beispielsweise werden in Baden-Württemberg innerhalb der Sekundarstufe pro Schulhalbjahr in den Hauptfächern vier Klassenarbeiten gefordert.

Prüfungen absolvieren

Neben den bereits erwähnten Aufgabenbereichen soll natürlich auch die für dich wichtigste Aufgabe an dieser Stelle erwähnt werden: Das erfolgreiche Meistern der Prüfungen. Je nach Bundesland sind die Abschlussprüfungen für Referendare hinsichtlich Anzahl und Aufbau verschieden gestaltet. Generell setzen sie sich jedoch zumeist aus mündlichen und fachpraktischen Teilen zusammen. Exemplarisch für die mündliche Prüfung ist das fachdidaktische Kolloquium zu nennen, in welchem fachdidaktische Kenntnisse sowie Erfahrungen aus der Praxis geprüft werden. Zudem findet natürlich auch eine Beurteilung der Leistung in der Unterrichtspraxis in Form von Lehrproben / Prüfungen statt, d. h. die Prüfer beobachten deinen Unterricht und bewerten anschließend deine Lehrbefähigung.

Abschalten können

Bei der großen Menge an unterschiedlichen sowie vielseitigen Tätigkeitsfeldern ist es nicht von der Hand zu weisen, dass der Beruf des Lehrers durchaus einige Herausforderungen birgt. Gerade aus diesem Grund wird es während des Referendariats sowie dem weiteren Berufsweg unumgänglich sein, eine ausgewogene Work-Life-Balance zu pflegen. Dementsprechend gehört es auch zu deinen Aufgaben, dir Auszeiten zu gönnen und Entspannungsphasen einzurichten. Nur auf diese Weise ist es möglich, auf Dauer psychisch und physisch gesund zu bleiben.

1.4 Wichtige Personen und Ansprechpartner

Im Laufe des Referendariats wirst du einer Vielzahl an verschiedenen Personen-gruppen begegnen, die alle bestimmte Funktionen einnehmen und dir auf unter-schiedlichste Art und Weise gegenübertreten. Diese Personengruppen sollen zum Erlangen eines besseren Überblicks in Kurzform dargestellt werden.

Die Schüler / innen
Ein Großteil der heutigen Schülerkultur zeigt sich insbesondere geprägt durch wachsende mediale Einflüsse, sich wandelnde Familienstrukturen und damit auch veränderte Erziehungsstile.
Insgesamt ist eine zunehmende Heterogenität aufseiten der Lernenden erkennbar, sei es im Bereich der Lerngeschwindigkeit, der Motivation oder auch der sozialen Kompetenz. Mit all diesen unterschiedlichen Lerntypen umzugehen und auf diese adäquat einzugehen, erweist sich im heutigen Schulalltag als eine der größten Herausforderungen für die Lehrperson. Generell gilt deshalb die Regel, dass man es nie sämtlichen Schülern „Recht machen" kann und diesen Anspruch am besten erst gar nicht aufkommen lässt. Es wird stets Lernende geben, mit denen du besser zurechtkommst als mit anderen. Dies ist ein natürlicher Prozess und sollte nicht von dir in Frage gestellt oder als Anlass für Selbstzweifel genommen werden.
Hinsichtlich des Verhältnisses zwischen Lehrern und Schülern erscheint stets Respekt als zentrale Komponente: Achte darauf, dass du grundsätzlich versuchst, den Schülern das Gefühl zu vermitteln, dass du ihre Bedürfnisse wahrnimmst und respektierst. Gleiches muss aber natürlich auch von den Lernenden eingefordert werden.

Die Eltern
Anders als möglicherweise erwartet, wird die Elternarbeit einen großen Teil deiner Zeit in Anspruch nehmen und sollte deshalb nicht unterschätzt werden. Innerhalb deiner Schullaufbahn wirst du den verschiedensten Charakteren begegnen und damit auch mit unterschiedlichen Erziehungsstilen konfrontiert. Die Eltern stellen ähnlich wie die Lernenden teils große Anforderungen an dich und es ist nicht immer leicht, mit all diesen Wünschen umzugehen. Es gibt Eltern, von denen du im gesamten Schuljahr so gut wie nichts hören wirst und dementsprechend existiert natürlich auch das andere Extrem. Besorgte Mütter, die dich vor der ersten Stunde abpassen, um dir zu sagen, dass ihr Kind nach ihrer durchgestandenen Erkältung heute wieder in die Schule

kommt, sind hierbei keine Seltenheit. Sei anpassungsfähig und versuche, auf die verschiedenen Typen flexibel zu reagieren. Zeige ihnen jedoch auch gleichzeitig ihre Grenzen auf, sollten ihre Anforderungen an deine Person überzogen sein. Eine gesunde Mischung aus Empathie und Distanz ist für die Elternarbeit elementar.

Die Schulleitung

Um direkt mit der für dich wichtigsten Information zu beginnen: Von der Schulleitung erhältst du am Ende des Referendariats eine Beurteilung sowie eine Note, die relativ stark gewichtet wird und deshalb nicht unterschätzt werden sollte. Bewertet werden vor allem Bereiche wie Unterricht, Erziehung und Engagement im Schulleben. Um dich beurteilen zu können, nimmt die Schulleitung hin und wieder als Beobachter an deinem Unterricht teil. Grundsätzlich kann es also nie schaden, mit deiner Rektorin bzw. deinem Rektor und natürlich auch deren Stellvertreter ein gutes Verhältnis zu pflegen. Sie haben oftmals auch Kontakt zu deinen Lehrbeauftragten / Ausbildern und halten nach Unterrichtsbesuchen hin und wieder noch einen kurzen Plausch. Hier können sie somit bereits stark deine Außenwirkung prägen. Trotz aller Freundlichkeit solltest du natürlich allerdings stets darauf achten, dass es bei gesunder Höflichkeit bleibt und nicht darüber hinaus geht. Verhaltensweisen, welche umgangssprachlich oft als „Schleimen" bezeichnet werden, wirken schnell abschreckend und vermitteln den Eindruck, als müsstest du nicht existente Kompetenzen ausgleichen. Für die Schule selbst nimmt die Schulleitung insbesondere organisatorische und repräsentative Funktionen ein, ist aber zumeist dennoch mit einem gewissen Stundendeputat im Unterricht tätig.

Die Mentoren

Die Mentorin bzw. der Mentor stellt während der Ausbildung deinen persönlichen Hauptansprechpartner in Sachen Lehrerpersönlichkeitsentwicklung und Unterrichtsgestaltung dar. Mentoren sind hierbei Lehrpersonen, die meist bereits mehrere Jahre an Unterrichtserfahrung aufweisen können und von der Schulleitung bestimmt werden. Im ersten Ausbildungsabschnitt wohnen sie regelmäßig deinem Unterricht bei, beobachten dich und versuchen, dich zu beraten. Im Abschnitt des eigenständigen Unterrichts nimmt der direkte Kontakt in der Regel etwas ab und nur noch einige Stunden werden von den Mentoren beobachtet sowie reflektiert. Nichtsdestotrotz solltest du den Einfluss der Mentoren auf dein Schulleitergutachten nicht unterschätzen.

Ferner gilt es, vor allem in der Phase des Kennenlernens zu beachten, dass Mentoren nicht selten unfreiwillig Referendare zugewiesen bekommen und ihr Widerstand deshalb anfangs noch etwas größer sein kann. Sei also nicht direkt enttäuscht, wenn der erste Kontakt etwas ruppig verläuft, denn es kann auch durchaus vorkommen, dass Mentoren die Nachricht, einen Referendar zu betreuen, erst unmittelbar vor eurem ersten Kontakt erhalten haben und zunächst vielleicht nicht unbedingt begeistert von dieser Botschaft sind.

Das Kollegium

Während deiner Zeit in der Schule wirst du neben deinen Mentoren einer Vielzahl an unterschiedlichen Lehrertypen im Kollegium begegnen, die allesamt unterschiedliche Auffassungen von Bildung, Erziehung und dem alltäglichen Umgang miteinander aufweisen. Grundsätzlich gilt auch hier stets die Faustregel: Man kann es nie allen recht machen! Versuche allerdings trotzdem, dich allen Kolleginnen und Kollegen neutral und offen zu präsentieren. Ein erster Schritt kann es oft sein, wenn du bereits nur den Namen der Kollegen kennst. So kannst du Ihnen auf einfache Art und Weise deine Wertschätzung sowie die Wahrnehmung Ihrer Person demonstrieren. Erwarte im Gegenzug allerdings nicht, dass die Kollegen deinen Namen kennen! Dies wird bei vielen Kollegen bis zum Ende deiner Ausbildung nicht der Fall sein. Dieser Umstand hat jedoch nichts mit dir zu tun, weshalb du so etwas nicht persönlich nehmen solltest.

Das Sekretariat

Das Personal des Sekretariats wird oft als gute Seele der Schule bezeichnet. Sie sind vor allem für Formalitäten und Kommunikation zwischen den einzelnen Instanzen des Schulalltags zuständig. Während des Referendariats wirst du öfter ihren Dienst beanspruchen, als dir möglicherweise im Vorfeld bewusst ist: Sie geben Büromaterialien aus, versenden Elternbenachrichtigungen für dich, sind dein Ansprechpartner bei Formalitäten und kümmern sich oftmals auch um die Verpflegung deiner Lehrbeauftragten bei Unterrichtsbesuchen. Wie du siehst, kann ein gutes Verhältnis zu den Angestellten des Sekretariats deinen Schulalltag somit deutlich erleichtern.

Der Hausmeister

Für die Schule selbst hat der Hausmeister die Aufgabe, das Schulgebäude in Stand zu halten und das Schulinventar zu pflegen, womit wir auch bereits bei der für dich wichtigsten Tatsache angekommen wären: Wird für Unterrichtsbesuche / Lehrproben und Klassenprojekte zusätzliches Mobiliar (Tische, Stühle usw.) benötigt, musst du dies in der Regel mit dem Hausmeister abklären. Falls ihr ein positives Verhältnis führt, kann er dir in solchen Situationen wirklich große Unterstützung bieten, wodurch es dir ermöglicht wird, dich auf andere, wichtigere Dinge zu konzentrieren.

Die Lehrbeauftragten / Ausbilder

Da du einen großen Teil deines Referendariats als Unterrichtsteilnehmer am Ausbildungsseminar verbringst, solltest du stets einen guten Kontakt zu deinen Ausbildern bzw. Lehrbeauftragten pflegen. Diese sind in der Regel ähnlich wie die Mentoren Lehrkräfte, welche zusätzlich zu ihrer Unterrichtstätigkeit an die Ausbildungsseminare abgeordnet wurden. Sie werden dich an den Ausbildungsseminaren unterrichten, deinem eigenen Unterricht bei den beratenden Unterrichtsbesuchen beiwohnen, dich beraten und in manchen Fällen auch als Prüfende in deiner Lehrprobe / deiner Prüfungsstunde fungieren. Bei aller Höflichkeit solltest du auch bei den Lehrbeauftragten darauf achten, dass aus Freundlichkeit erneut kein „Schleimen" wird. Versuche, auf eine gesunde Mischung aus Nähe, Distanz, Respekt und Wertschätzung der Fähigkeiten der Ausbilder zu achten.

Die Mitreferendare

Alle für einen und einer für alle! So oder so ähnlich könnte das Motto der Referendare lauten, sitzen doch alle mehr oder weniger im selben Boot. In der Regel werden den Schulen mehrere Referendare zugeteilt, weshalb du oft einen oder mehrere tapfere Mitstreiter an deiner Seite hast. Versuche, die Chance zu nutzen, mit deinen Kollegen als Team zusammenzuarbeiten und euch gegenseitig so gut es geht zu unterstützen.

2 Erste Schritte – keine Panik!

2.1 Versicherungstipps für Lehrer

Zeiten ändern sich und so wird vermeintlich Unwichtiges plötzlich wichtig: Das vorliegende Kapitel befasst sich mit einem Thema, welches im bisherigen Leben vieler Studenten keine besonders große Rolle spielte, nämlich der Abschluss von Versicherungen.

Hinsichtlich der Krankenversicherung sind die meisten Studenten während ihrer Studienzeit in der Regel über die Familie versichert und auch über andere Versicherungen, wie z. B. die der Haftpflicht, machte man sich in der Regel nicht viele Gedanken. Mit dem Eintritt in den Vorbereitungsdienst ändert sich allerdings nicht nur die Berufsbezeichnung, sondern auch der rechtliche Status, womit für viele Referendare die Auseinandersetzung mit den existenten Versicherungen unumgänglich wird. Das vorliegende Kapitel soll hierzu einen Überblick über durchaus notwendige Versicherungen bieten.

Krankenversicherung

Die Krankenversicherung weist grundsätzlich das Primärziel auf, bei der Aufwendung von Fördermaßnahmen zur Regeneration der Gesundheit finanziellen Schutz zu leisten. Der Abschluss einer Krankenversicherung ist allerdings nicht freiwillig, sondern sogar gesetzlich vorgeschrieben und damit obligatorisch. In vielen Bundesländern verfügen Lehrer über den Beamtenstatus, welcher finanzielle Unterstützung seitens des Lands bei medizinischen Aufwendungen einschließt. Das Land bietet also finanzielle Beihilfe und trägt einen bestimmten Prozentsatz der Behandlungs- bzw. Medikamentenkosten. Trotzdem bleibt hierbei ein gewisser Prozentsatz der Kosten ungedeckt und muss somit vom Beamten selbst getragen werden. Und genau diesen finanziellen Anteil gilt es mit dem Abschluss einer privaten Krankenversicherung auszugleichen. Durch den Umstand, dass der Staat bereits einen gewissen Teil der medizinischen Kosten übernimmt, fällt der Beitrag zur privaten Krankenversicherung dabei generell stets niedriger aus als der zur gesetzlichen Versicherung.

Bei angestellten Lehrern ist die staatliche Beihilfe nicht existent, weshalb es hier notwendig ist, auf eine gesetzliche Krankenversicherung zurückzugreifen. Auch Beamte auf Widerruf können in der Zeit des Referendariats freiwillig gesetzlich versichert sein, wenn sie vor dem Referendariat mindestens 12 Monate oder in den letzten 5 Jahren 24 Monate gesetzlich versichert waren. Der Arbeitgeber beteiligt sich bei Beamten jedoch nicht an den Beiträgen, sie müssen vom Referendar selbst in vollem Umfang getragen werden.

Haftpflichtversicherung

Schon einmal einen wertvollen Gegenstand einer anderen Person beschädigt oder gar zerstört? Genau in diesem Fall schafft die Haftpflichtversicherung Abhilfe. Bei wahrheitsgemäßer Angabe des Vorfalls und meist folgender Überprüfung des Hergangs übernimmt die Haftpflichtversicherung die Kosten der Reparatur oder Ersetzung des Gegenstands. Auch in der Schule kann es durchaus passieren, dass Inventar oder Materialien beschädigt werden und diese ersetzt werden müssen. Aus diesem Grund empfiehlt es sich, neben einer privaten auch eine dienstliche Haftpflichtversicherung für Schulangelegenheiten abzuschließen.

Schlüsselversicherung

Wenn einmal ein Schlüssel verloren geht, ist dies zwar ärgerlich, jedoch muss zumindest zu Hause meist nur ein einziges Schloss ausgetauscht werden. Anders ist dies der Fall in der Schule: Sollte hier ein Schlüssel verloren gehen, so muss die Schließanlage des gesamten Schulgebäudes und möglicherweise sogar noch der Sporthalle ersetzt werden. Solche finanziellen Aufwendungen belaufen sich nicht selten im fünfstelligen Bereich, weshalb es sich somit durchaus lohnt, eine Schlüsselversicherung abzuschließen. Diese trägt im Verlustfall die Kosten für die Schließanlagenerneuerung und kann damit zum Retter in der Not werden.

Berufsunfähigkeitsversicherung

Statistisch gesehen scheiden die Beschäftigten keiner anderen Berufsgruppe in so großer Zahl vor Erreichen des Rentenalters aus wie die Lehrer. Ob psychische oder physische Berufsunfähigkeit: Gerade in den anfänglichen Berufsjahren fällt die finanzielle Abhilfe seitens des Dienstherren bzw. Arbeitgebers vergleichsweise gering aus. Dies macht den Abschluss einer Berufsunfähigkeitsversicherung zu einer sinnvollen Investition und kann im Falle der Arbeitsunfähigkeit Existenzen sichern.

Unfallversicherung

Grundsätzlich ähnelt die Unfallversicherung der Berufsunfähigkeitsversicherung, werden beide schließlich dem Themenbereich Invalidität zugeordnet. Trotzdem ist es unter Umständen sinnvoll, beide Versicherungen abzuschließen, denn diese können sich in bestimmten Fällen gut ergänzen. Der Hauptunterschied zwischen beiden Versicherungen äußert sich folgendermaßen: Eine Unfallversicherung ist generell unabhängig vom Berufsleben zu betrachten. Nehmen wir an, ein Lehrer zieht sich eine dauerhafte Armverletzung zu, kann jedoch nach kurzer Regenerationszeit wieder seinem Beruf nachgehen. Möglicherweise kann dieser aufgrund der Verletzung allerdings nicht mehr sein Hobby (z. B. Gitarre spielen) ausüben. Genau in diesem Fall greift die Unfallversicherung und kann über finanzielle Hilfen beispielsweise Regenerationsmaßnahmen ermöglichen. Kurz und knapp: Zieht sich ein Lehrer eine (schwere) Verletzung zu, welche zwar möglicherweise die Ausübung eines Hobbys, allerdings nicht seine Berufsfähigkeit beeinträchtigt, so ist in diesem Fall eine Unfallversicherung angebracht. Unabhängig der Art der Versicherung gilt es natürlich individuell zu prüfen, welcher Versicherungsträger der Richtige für dich ist. Es erweist sich hierzu durchaus als empfehlenswert, sich an einen freien Versicherungsberater zu wenden, denn dieser kann objektiv im Einzelfall entscheiden, welche Versicherung sich für individuelle Bedürfnisse am besten eignet.

Mit den in diesem Abschnitt aufgeführten Versicherungsprodukten soll selbstverständlich nicht der Anspruch auf Vollständigkeit im Bereich der sozialen und finanziellen Absicherung erhoben werden. Vielmehr stellen die aufgeführten Vorschläge eine knappe Übersicht über die uns am wichtigsten erscheinenden Absicherungen dar. Im Einzelfall muss überdies natürlich stets entschieden werden, ob der Abschluss von bestimmten Zusatzversicherungen sinnvoll ist.

2.2 Tipps zum Steuernsparen

Da im Beruf des Lehrers kein klassischer und räumlich beschränkter Arbeitsplatz wie beispielsweise in Form eines Büroraums im Firmengebäude existiert, ist häusliche Arbeit als Bestandteil des Berufsbilds auch rechtlich anerkannt. Dies hat zur Folge, dass man viele für den Beruf benötigten Dinge steuerlich geltend machen und somit bares Geld sparen kann. Aus diesem Grund empfiehlt es sich, Rechnungen für berufliche Einkäufe grundsätzlich aufzubewahren und bestenfalls sofort übersichtlich in einem Ordner anzulegen. Wenn einmal jährlich das zeitaufwendige Erstellen der Steuererklärung ansteht, erleichtert eine gut sortierte Rechnungssammlung die Arbeit deutlich. Im Folgenden findest du wichtige Dinge, die als Lehrer steuerlich absetzbar sind.

Arbeitsraum

Im Falle der Existenz eines Arbeitsraums, welchen du auch ausschließlich zur beruflichen Arbeit nutzt, kann die Instandhaltung dieses Raums steuerlich geltend gemacht werden. Hierbei werden anfallende Kosten, wie zum Beispiel die Heizung, abhängig von der Raumgröße zu einem bestimmten Teil berücksichtigt und erstattet.

Arbeitsmittel

Neben alltäglich gebrauchten Büroutensilien wie Stiften, Kreide, Papier usw. können auch elektronische Geräte (wie z. B. der Computer), welche ausschließlich für berufliche Zwecke genutzt werden, steuerliche Entlastungen bringen. Bewahre hierzu am besten jede vom Wert auch noch so klein erscheinende Rechnung auf, denn in der Summe kann sich bei den anfallenden Kosten durchaus ein nicht zu unterschätzender Betrag bilden.

Einrichtungsgegenstände

Selbst Schreibtische und Regale können für deine Steuererklärung bares Geld wert sein. Bewahre auch die Rechnungen für das Mobiliar des Arbeitszimmers gut auf.

Literatur

Auch Bücher können steuerlich abgesetzt werden. Von Fachliteratur über Schulbücher bis hin zu Schülerarbeitsheften gilt grundsätzlich: Alle Rechnungen aufbewahren!

Telefon / Fax / Internet

Ohne Kommunikationsmittel ist ein großer Teil deiner Arbeit nur schwer möglich, weshalb du eine Pauschale für einen genutzten Telefon- sowie Internetanschluss bei entsprechender Aufführung in der Steuererklärung erhältst. Meist ist es hierbei nicht notwendig, eine Rechnung vom Netz- bzw. Anschlussbetreiber vorzuweisen, da der Staat sich hier auf einen einheitlich festgelegten Betrag beschränkt.

Arbeitsweg

Ob mit öffentlichen oder privaten Verkehrsmitteln, die Fahrt zur Arbeit kann grundsätzlich steuerlich abgesetzt werden. Die Höhe der steuerlichen Entlastung hängt hierbei von der Fahrtstrecke ab. Notiere dir hierzu im Kalender, an welchen Tagen du in die Schule, an welchen ins Seminar und an welchen du zu sonstigen Orten (Fortbildungen, Hospitationen etc.) gefahren bist.

Fortbildungen

Solltest du während deiner Ausbildung bereits an Fortbildungen (dies können auch z. B. vom Seminar getätigte Ausflugsfahrten sein) teilnehmen, erhältst du vom Staat abhängig von der Länge der Fortbildung bestimmte Pauschalen für Unterkunft und Verpflegung. Lasse dir folglich für jede Fortbildung eine schriftliche Teilnahmebestätigung ausstellen.

Umzug

Viele Referendare müssen bedingt durch die Zuteilung an ein Seminar möglicherweise ihren alten Wohnort verlassen und umziehen. Auch für den Umzug und insbesondere die hierdurch anfallenden Fahrtkosten sind Steuerrückzahlungen möglich. Notiere hierzu, an welchen Tagen du wie viele Kilometer zum neuen Wohnort zurückgelegt hast.

Wie du siehst, kannst du bei sorgfältiger Buchhaltung viel Geld sparen. Zur Erstellung der Steuererklärung sind übrigens im Handel verschiedene Softwareangebote (bereits ab ca. 5 Euro) erhältlich, welche dir noch zusätzliche Tipps zum Sparen von Steuern bieten können. Achte allerdings stets darauf, dass du nur Dinge in der Steuererklärung aufführst, welche du auch entsprechend schriftlich in Papierform nachweisen kannst. Auf diese Weise ersparst du dir viel Zeit und Ärger.

2.3 Einkaufstipps für die Schule

Ähnlich wie der Schmied seinen Hammer als Werkzeug verwendet, existieren auch für Referendare einige Gegenstände und Verbrauchsmaterialien, welche du dir unbedingt zulegen solltest. Stelle dir hierzu am besten eine Einkaufsliste zusammen und mach dich auf den Weg in den Schreibwarenladen oder besuche den Online-Shop deines Vertrauens. In diesem Abschnitt findest du eine Liste von Utensilien, welche auf dem Weg durch das Referendariat unverzichtbar sind.

Lehrertasche bzw. Rucksack

Generell solltest du dich zunächst um ein handliches Transportmittel für all deine Materialien kümmern. Je nach Geschmack kann hierbei auf einen stabilen Rucksack oder die gute alte Umhängetasche zurückgegriffen werden. Kleiner Tipp: Die Umhängetasche wirkt etwas professioneller und hilft dabei, dich von den Schülern abzuheben (Rucksack ≈ 20–50 Euro; Tasche ≈ 30–100 Euro).

Kreide

An vielen Schulen wird den Lehrpersonen kostenlos Kreide zur Verfügung gestellt, jedoch nicht an allen. Aus diesem Grund solltest du dir unbedingt eine Packung handelsüblicher Tafelkreide besorgen, denn es gibt nichts Schlimmeres, als während des Tafelanschriebs zu bemerken, dass der Kreidevorrat aufgebraucht ist (1 Packung ≈ 1–2 Euro).

Overheadfolien

Die gängigste Weise, einen Unterrichtseinstieg zu inszenieren, ist nach wie vor das berühmte projizierte Bild auf dem Tageslichtprojektor. Hierzu solltest du dir am besten einen kleinen Vorrat an bedruckbaren Folien zulegen, sodass du jederzeit auf diese zurückgreifen und auch zu Hause spontan den einen oder anderen Einstieg vorbereiten kannst (100 Stück ≈ 5 Euro).

Folienstifte

Ähnlich wie die Kreide für die Tafel fungieren die Folienstifte für die Overheadfolien. Achte darauf, dass du dir wasserlösliche bzw. non-permanente Folienschreiber zulegst, sodass nach Abwaschen des Geschriebenen entsprechende Folien wiederverwendet werden können (4 Stück ≈ 4 Euro).

Laminiergerät

Nichts wird von Lehrbeauftragten und Prüfern lieber gesehen, als eine liebe- und mühevolle Gestaltung der Arbeitsmaterialien. Wichtige Unterlagen wie Lösungsblätter oder Legespiele sollten hierbei stets laminiert sein, sodass wir Mutter Natur etwas Gutes tun und die Materialien wiederverwenden können (1 Gerät ≈ 20 Euro).

Laminierfolien

Zwar verfügen Schulen oft über einen gewissen Vorrat an Laminierfolien, jedoch kommt es immer wieder vor, dass Lieferengpässe entstehen und die Schule ein paar Tage ohne Folien auskommen muss. Sollte bei dir just in dieser Zeit ein wichtiger Besuch anstehen, ist dies natürlich sehr ungeschickt. Lege dir deshalb einen Mindestvorrat an Laminierfolien zu, um nicht in solch eine Notsituation zu geraten (100 Stück ≈ 6 Euro).

Rotstift(e)

Spätestens im Laufe des eigenständigen Unterrichts weitet sich dein Aufgabenbereich auch auf die Korrektur von Klassenarbeiten, Kurztests usw. aus. Besorge dir hierzu mindestens einen Rotstift, der angenehm in deiner Hand liegt, denn du wirst ihn oft benötigen (Stift ≈ 1–2 Euro). Einige Schulen haben sich auch auf andere Farben für Korrekturen geeinigt. Erkundige dich im Kollegium.

Magnete

Hin und wieder ist es im Unterricht notwendig, eigene Blätter oder von den Schülern beschriftete Kärtchen bzw. Plakate an die Tafel zu hängen, wodurch ein gewisser Vorrat an Magneten zur Befestigung unabdingbar ist (8 Magnete ≈ 1–2 Euro).

Selbsthaftende Notizzettel

Im Laufe eines durchschnittlichen Unterrichtstages wirst du mit einer Vielzahl an verschiedenen Aufgaben konfrontiert, wobei es nicht immer einfach ist, den Überblick zu behalten. Tu dir selbst einen Gefallen und notier dir alle wichtigen Infos auf Notizzetteln, sodass du auf keinen Fall etwas versäumst (1 Packung ≈ 1 Euro).

2.4 Erster Seminartag

Die letzten freien Tage sind vorbei, die Kraftreserven aufgetankt und dann ist es auch endlich soweit: Der erste Tag des Referendariats steht an.
In der Regel herrscht aufseiten der Referendare kurz vor Beginn ein regelrechtes Gefühlschaos, welches sich aus Neugier, Respekt und auch ein wenig Angst zusammensetzt. Und um dich vorweg zu beruhigen: Ja, es geht allen so. Egal, wie abgeklärt jemand nach außen auch wirken mag: Jeder Neuanfänger hat Respekt vor dem neuen Lebensabschnitt, insbesondere bedingt durch die vielen Mythen, die einem im Vorfeld über die Vorbereitungszeit entgegengebracht werden.
Der neue Lebensabschnitt des Referendariats beginnt in der Regel zunächst am Ausbildungsseminar, wo du an einigen Einführungsveranstaltungen teilnimmst. Unmittelbar vor Beginn der ersten Veranstaltung ist in den Räumen oft eine gewisse Anstandsstille vorzufinden. Ein paar wenige kennen sich zwar bereits und tauschen sich aus, die meisten jedoch sitzen still und ehrfürchtig, während sie auf den nun endlich anstehenden offiziellen Beginn des sagenumwobenen Referendariats warten.

Die nach der offiziellen Begrüßung folgenden Einführungsveranstaltungen umfassen neben organisatorischen Punkten insbesondere eine Vielzahl an Methoden zum gegenseitigen Kennenlernen. So sollst du dir den Namen deines Gegenübers beispielsweise anhand einer Alliteration merken oder lernst dessen privaten Hintergrund durch das Vier-Ecken-Spiel kennen. Die Halbwertszeit dieser Informationen ist generell sehr kurz, denn am ersten Tag schwirren dir sicherlich andere Dinge durch den Kopf als „Martin mag Marmelade.". Grundsätzlich besteht allerdings auch hier kein Grund zur Sorge: Es geht allen so und du wirst sicherlich einige Zeit benötigen, um dir sämtliche Namen merken zu können.

Während des ersten Tages am Seminar erfährst du oftmals auch, wer mit dir zusammen der gleichen Schule zugeteilt wurde und so ist es generell ratsam, zunächst mit diesen Personen Kontakt aufzunehmen und die ersten Bekanntschaften zu schließen. Trotz aller Eindrücke am ersten Seminartag solltest du dir natürlich bewusst sein, dass dies auch die erste Begegnung mit deinen Lehrbeauftragten / Ausbildern und somit auch deinen potenziellen Prüfern darstellt. Achte darauf, dass du dich freundlich und offen gibst, denn schließlich sollte der erste Eindruck wie so oft nicht unterschätzt werden. Setze dich aber gleichzeitig auch nicht zu sehr unter Druck, denn auch die Lehrbeauftragten / Ausbilder sind neugierig, teils nervös und mit der großen Menge an Neuankömmlingen natürlich auch erst einmal sehr gefordert.
Wenn du den ersten Seminartag hinter dich gebracht hast, fällt dir sicherlich ein großer Stein vom Herzen und du bist nun offiziell in deiner neuen Lebensphase angekommen. Zu Hause gibt es gewiss viel zu erzählen und diese Chance solltest du auch nutzen, um die erlebten Eindrücke zu verarbeiten. Gönne dir einen erholsamen Abend und versuche, mit der notwendigen Gelassenheit an die folgenden Seminartage heranzutreten.

2.5 Erster Schultag

Nachdem du die ersten Tage am neuen Ausbildungs- bzw. Studienseminar erfolgreich gemeistert hast, wartet bereits die nächste Herausforderung auf dich: dein erster Tag an der Schule.
Das Kennenlernen der neuen Schule stellt in der Tat etwas Besonderes dar, verbringst du doch den größten Teil deiner Ausbildungszeit an diesem Ort. Kurz vorher lässt sich

auch hier bei den Referendaren ein gewisses Gefühlschaos aus Neugier und Angst ausmachen. „Wie sind die Schüler? Wie nimmt mich das Kollegium auf? Wie sind meine Mentoren?" All diese Fragen kreisen dir sicherlich kurz vorher durch den Kopf und dies ist auch völlig verständlich, schließlich beeinflussen all diese Faktoren teils in geringem, teils aber auch in größerem Maße deine Entwicklung im Laufe der Ausbildung. Die bedeutendste aller Fragen sollte für dich allerdings jene danach sein, ob du dich an der Schule wohlfühlst. Und dieser Umstand hängt insbesondere von einem Faktor ab: von dir selbst!

Wer ist mein Mentor?

Am ersten Schultag lernst du in der Regel bereits deine Mentoren kennen. Hier können deine Eindrücke von „Wow, der ist ja klasse!" bis „Um Gottes Willen, wie will diese Person mir denn etwas beibringen?" reichen. Lass dich also vom möglichen ersten Eindruck nicht täuschen: Egal, ob jung oder alt, was den Beruf des Lehrers anbelangt, kannst du von allen sicherlich noch viel lernen. Junglehrer befinden sich didaktisch meist auf der Höhe der Zeit, während du von älteren Kollegen insbesondere hinsichtlich ihrer Erfahrung sowie Routinen profitieren kannst. Gib dich offen und signalisiere ihnen, dass du bereit bist, von ihnen etwas zu lernen, egal wie dein erster Eindruck auch ausgefallen sein mag.

Das Kennenlernen der Schüler

Nach der ersten Begegnung mit den Mentoren geht es dann zumeist auch direkt ins Klassenzimmer, wo bereits die Schulklassen auf dich warten. Diese sind natürlich extrem neugierig und nach einer kurzen Vorstellung kann es durchaus sein, dass sie dich bereits mit privaten Fragen wie „Wie alt sind Sie?", „Haben Sie eine / n Freund/ in?" oder „Sind Sie bei Facebook®?" konfrontieren. Signalisiere den Schülern, dass du ihr Interesse erst nimmst, weise ihnen aber auch gleichzeitig ihre Grenzen auf und gib nicht alles von dir preis. Eine ausgewogene Mischung zwischen Nähe und Distanz wird im Laufe deiner gesamten Laufbahn der Schlüssel zu einem gesunden Verhältnis zwischen den Schülern und dir darstellen. Während der ersten Unterrichtstage wirst du insgesamt eine Vielzahl an verschiedenen Klassen und damit auch an verschiedenen Schülertypen treffen. Der Umgang mit der vorherrschenden Heterogenität in den Klassen ist eine der größten Herausforderungen des Lehrerberufs überhaupt. Es wird stets Schüler geben, die dir sympathischer sind als andere. Dies ist ein natürlicher Prozess und sollte nicht als negative Eigenschaft deiner Person aufgefasst werden.

Jedoch solltest du hierbei stets beachten, dass solche Sympathien nicht nach außen getragen werden, denn Gerechtigkeit aufseiten der Lehrperson ist eine der Tugenden, die den Schülern am wichtigsten ist.

Eindrücke verarbeiten

Über das Kennenlernen von Mentoren und Schülern hinaus erhältst du am ersten Schultag auch oft noch eine Führung durch das Schulhaus, eine knappe Vorstellung innerhalb des Kollegiums sowie möglicherweise eine Einführung in Arbeitsgeräte wie z. B. den Kopierer der Schule. Wie du siehst, sind es verhältnismäßig viele Eindrücke, die du am ersten Tag sammelst. Sei also nicht verzweifelt, wenn du dir nicht auf Anhieb alle Tastenbefehle des Kopierers, Raumnummern oder Namen der Kollegen merken kannst. Alles benötigt seine Zeit. So ist dir auch niemand böse, wenn du in den folgenden Tagen noch einige Fragen stellen musst. Ganz im Gegenteil: Eine gewisse Anzahl an Fragen signalisiert Interesse und lässt dich als Mensch sympathisch wirken. Setze dich in den ersten Tagen nicht zu sehr unter Druck und lass alles Wichtige einfach auf dich zukommen. Denke vor allem immer daran: Schule ist, was du daraus machst!

3 Der Unterrichtsalltag – Arbeit in der Schule

3.1 Trennung zwischen schulischer und häuslicher Arbeit

Es kursieren viele Vorurteile über den Lehrerberuf. Für einige angehende Junglehrer mögen solche vorschnellen Schlüsse über den Lehrerberuf vielleicht auch bei der Berufswahl ausschlaggebend gewesen sein. Hoffentlich nicht für dich, denn dann wird dich das kommende Kapitel enttäuschen. Falls du also weiterhin den Traum vom gut bezahlten Halbtagsjob träumen willst, dann überblättere dieses Kapitel am besten schnell. Wenn du dich der Realität eines verantwortungsvollen, spannenden, ereignisreichen, aber auch anstrengenden Berufs stellen möchtest, dann lies weiter.
Die gängigsten Vorurteile (denen du dich übrigens spätestens in deinen ersten Ferien stellen musst) sind die folgenden:

„Ihr habt doch morgens recht und mittags frei."
„Ihr Lehrer habt so viele Ferien, da können andere nur von träumen!"
„So einen lockeren Job möchte ich auch mal haben."
„27 Stunden Schule in der Woche sind ja wohl nichts – ich arbeite 41 Stunden."
„Wenn du einmal etwas vorbereitet hast, kannst du dich ja zurücklehnen."

Doch wie geht man eigentlich mit solchen Vorurteilen um? Schon unser einstiger Bundeskanzler Gerhard Schröder äußerte einmal etwas unbedacht und vor allem unpassend, dass die Lehrerschaft wohl überwiegend auf der sonnigen Seite des Lebens stehe. Dass diese Klischees in unserer Gesellschaft tief verwurzelt sind, zeigen eben jene auch oft aus dem direkten Freundes- und Bekanntenkreis mehr oder minder freundlich verpackten Anspielungen.

Rollenkongruenz: Sich des eigenen Einsatzes bewusst werden
Es macht Sinn, mit seiner neuen Rolle als Lehrer bzw. Lehreranwärter kongruent zu werden. Das Annehmen einer neuen Rolle mag einem zu Beginn etwas fremd erscheinen. Will man allerdings über den Vorurteilen stehen oder vielleicht sogar geschickt kontern, sollte man sich selbst bewusst machen, was eigentlich hinter der angestrebten Tätigkeit steckt: Nämlich ein akademischer Beruf mit teilwissenschaftlichem Studium, zwei Ausbildungsphasen, zwei Examen, unzähligen Universitätsprüfungen und nicht zuletzt einem großen Maß an didaktischer und methodischer Kompetenz, die bereits im Studium zuhauf gefordert wurde.

Doch es ist nicht nur die große Investition an aufgebrachter Lebenszeit in Form des Studiums, das Teil der Ausbildung ist, sondern auch die alltägliche Arbeit während des Referendariats und im späteren Beruf – diese umfasst nämlich einiges mehr als viele auf den ersten Blick sehen.

Im Gegensatz zu anderen Berufen mit fester Arbeitszeit von 8 bis 17 Uhr hat der Lehrer eine Art teilflexibles Modell, mit welchem er sich arrangieren muss.

Folgende Grafik soll zur Verdeutlichung herangezogen werden:

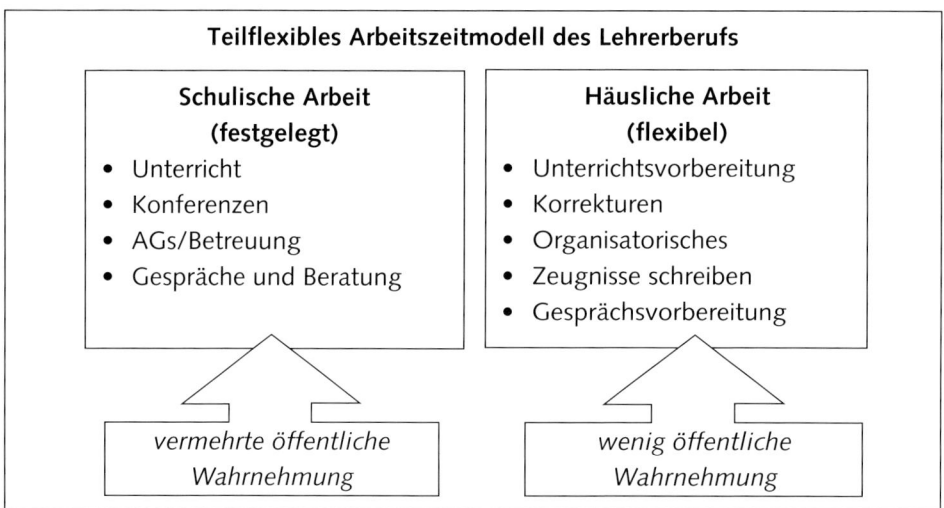

Es ist unschwer zu erkennen, dass die Arbeit des Lehrers aus zwei Säulen besteht. In ihrer Außenwirkung kommt meist nur die Säule der „Schulischen Arbeit" zum Tragen – das ist jene Säule, welche von der Öffentlichkeit wahrgenommen wird. Sie besteht aus den festgelegten Unterrichts- und Konferenzzeiten. Hierzu sind auch Beratungs-gespräche zu zählen, auch wenn diese in den meisten Fällen eher flexibel gehandhabt werden können.

Die zweite Säule besteht aus der häuslichen Arbeit. Hier sind keine Zeiten seitens des Arbeitgebers festgelegt, was bedeutet, dass hier meist flexibel gearbeitet werden kann. Diese Säule umfasst alles, was vorbereitende und nachbereitende Tätigkeiten betrifft. Wie der Name der Säule schon sagt, findet diese Arbeit zu Hause statt. Ein eigenes Arbeitszimmer ist deshalb sehr von Vorteil (wie du dieses einrichten und strukturieren kannst, werden wir im weiteren Verlauf erläutern). Dieser flexible Part des Lehrerberufs bildet sowohl Chancen als auch Risiken: Mit gutem Zeitmanagement kann die Flexibilität eine große Chance darstellen. Wer allerdings über ein eher schlechtes Zeitmanagement verfügt, dem droht Arbeit bis spät in die Nacht. Auch wie man in Bezug auf Aufgabenmanagement effektiv ansetzt, werden wir im weiteren Verlauf noch klären.

Das vorliegende Modell hilft dabei, nachzuvollziehen, weshalb Vorurteile über die vermeintlich kurze tägliche Arbeitszeit der Lehrerschaft kursieren. Ob du dich auf ein Gespräch über deine zukünftige Tätigkeit einlässt oder nicht, bleibt dir überlassen. Übrigens haben einige Schulen inzwischen sogenannte Arbeitszeitmodelle eingeführt: Die Lehrer haben dort eine Präsenzzeit von 8 bis 16 Uhr. Unterricht wird dabei zeitlich festgelegt in der Schule vor- und nachbereitet.

3.2 Die Arbeit in der Schule – mehr als nur Unterricht

Vermutlich hast du bereits während deines Studiums gehört, dass heutzutage die Aufgabe des Lehrers nicht wie vor einigen Jahren vor allem die Wissensvermittlung ist, sondern viele neue Aufgabengebiete das Berufsbild weiter differenzieren. Nun ist es soweit und du wirst hautnah miterleben, wie vielfältig und abwechslungsreich der Lehrerberuf tatsächlich ist.

Nun werden wir die Arbeit in der Schule – mit allem was dazugehört – näher betrachten. Das Paradigma der reinen Wissensvermittlung haben wir inzwischen hinter uns gelassen und befinden uns im Zeitalter der Kompetenzvermittlung. So umfasst die heutige Vorstellung von Bildung weitaus mehr als nur Fachwissen. Auch verschiedene Vorstellungen von Schule sind auf dem Vormarsch: Von der Ganztagsschule bis hin zur Gemeinschaftsschule existieren innerhalb Deutschlands verschiedene Schultypen, deren Konzeptionen keinesfalls starr sind. Das Bildungswesen befindet sich somit in ständiger Veränderung.

Zunächst einmal stellt sich die Frage, warum Kompetenzvermittlung eigentlich an die Stelle reiner Wissensvermittlung getreten ist. Der Vorteil liegt eindeutig darin, dass das Erlernte nicht zu schnell veraltetem Wissen wird, sondern vielmehr die Fähigkeit darstellt, sich Wissen zu erschließen und dabei wichtige von unwichtigen Informationen zu sondieren. Im Zeitalter von Internet und Co. und einer schieren Flut an Informationen stellt dies eine nicht zu unterschätzende Eigenschaft dar. Neben fachlichen und methodischen Kompetenzen reihen sich natürlich auch noch soziale Kompetenzen wie Reflexions- und Teamfähigkeit ein.

Doch nicht nur die Art des Lernens und die Inhalte haben sich verändert, sondern auch der Anspruch aus politischer Sicht und aus Perspektive der Eltern hat sich geändert. Immer mehr Eltern sind erwerbstätig, was eine Betreuung der Kinder unabdingbar macht. Auch im Sinne der Chancengleichheit ist die Ganztagsschule ein Konzept, welches heutzutage auch in Deutschland auf dem Vormarsch ist: Mit der Erweiterung der Schule vom Lern- hin zum Lebensraum ergibt sich auch ein neuer erzieherischer Anspruch an die Schule.

Betrachtet man diese Verschiebung des schulischen Fokus auf der einen und die neuen erzieherischen Ansprüche als Basis des heutigen Schulalltags auf der anderen Seite, ist es verständlich, dass in vielen Fällen der bloße Unterricht längst nicht mehr ausreicht, um die Tätigkeitsbereiche der Schule zu beschreiben.
Wir werden anhand einiger Beispiele versuchen zu verdeutlichen, welche Bereiche neben dem Unterricht eine Rolle spielen und wie die Lehrerschaft und das pädagogische Personal in diese Bereiche integriert sind.

Morgenbetreuung
Da viele Eltern bereits früh am Morgen zur Arbeit aufbrechen müssen, bieten einige Schulen in Kooperation mit dem Schulträger (meist kostenpflichtige) Betreuungsangebote an. Die Aufsicht und Betreuung findet durch pädagogisches Personal statt, welches über den Schulträger angestellt ist.

Kernzeitenbetreuung
In einigen Bundesländern haben sich Grundschulen verpflichtet, eine Betreuung während der Kernzeiten zu gewährleisten. Hierzu zählt beispielsweise auch die Zeit ab ca. 7.20 Uhr. Kinder werden hier betreut, auch wenn der Unterricht beispielsweise erst eine Stunde später beginnt. Auch diese Betreuung findet meist durch pädagogisches Personal statt und ist in vielen Fällen kostenfrei.

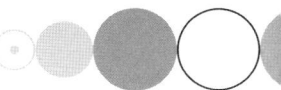

Unterricht

Der alltägliche Unterricht innerhalb der Klassen wird von Lehrern, Referendaren oder Praktikanten arrangiert. Im Rahmen aktueller Schulmodelle finden auch das sogenannte Team-Teaching oder die Unterstützung durch Pädagogische Assistenten ihren Niederschlag.

Förderprogramme

Förderprogramme werden an vielen Schulen angeboten. Diese Förderung kann zusätzlich von pädagogischen Fachkräften geleistet werden und im Rahmen des (offenen) Unterrichts genauso stattfinden wie vor oder nach dem eigentlichen Unterricht (in Form traditioneller Stützkurse).

Mensa-Angebote

In Ganztagsschulen gibt es oft Mensaangebote in Form von Großküchen, welche die Schüler und Lehrer mit Essen versorgen.

Nachmittagsunterricht

Der traditionelle Nachmittagsunterricht findet in den meisten Klassen zwischen ein und zweimal in der Woche statt und ist verpflichtend.

Offene Betreuungsangebote

Offene Betreuungsangebote sind für diejenigen Schüler im Angebot, die keine Nachmittagsschule haben, deren Eltern aber berufstätig sind. In offenen Betreuungsangeboten werden Bastelangebote offeriert oder die Möglichkeit zum Spielen von Brettspielen oder zur Teilnahme an anderen Freizeitaktivitäten angeboten. Die Betreuung erfolgt auch hier durch eine Fachkraft mit pädagogischer Ausbildung.

Arbeitsgemeinschaften (AGs)

Arbeitsgemeinschaften bieten die Möglichkeit außerhalb des Stoffplans, mit den Schülern vertieft an Themen oder Projekten zu arbeiten. Meist werden sie von Lehrkräften mit besonderen Vorlieben – von der Schulband über die Astronomie bis hin zur Kunst-AG sind keine Grenzen gesetzt – angeboten. In Absprache mit der Schulleitung können auch außerschulische Partner (Sportvereine) oder Eltern eingebunden werden.

Pausenaufsichten

Die Aufsichten während der Pausenzeiten werden vom Lehrpersonal in wechselnder Reihenfolge übernommen. Die Schulleitung oder eine von ihr befugte Lehrkraft nimmt die Einteilungen und die gerechte Verteilung vor. Auch du als Referendar wirst Aufsichtszeiten haben. Erkundige dich genau, wann du eingeteilt bist und versäume die Aufsichten nicht!

Konferenzen und Kontaktzeiten

Die meisten Schulen arbeiten mit zwei Arten von Konferenzen. Die längeren Konferenzen mit großer Tagesordnung nennen sich Gesamtlehrerkonferenzen und werden alle 4–8 Wochen abgehalten. Kontaktzeiten sind kurze Konferenzen – oft nur nach Bedarf – und finden an den meisten Schulen wöchentlich statt.

Zu den alltäglichen Bereichen gesellen sich noch die Gelegenheitsbereiche wie Projekttage, Schulfeste, Wandertage, Schullandheimaufenthalte, Abschlussfahrten oder Klassenfeste. Die Schule entwickelt sich immer weiter zu einem Lebensraum für die Schülerinnen und Schüler und hat dadurch auch immer weniger mit dem recht einseitigen Bild der Schule als „Institution des Paukens" zu tun. Daraus resultiert neben vielen Chancen natürlich auch eine enorme erzieherische Aufgabe, die auf den Lehrer und auch auf dich als Referendar zukommt.

3.3 Didaktische Vielfalt – vom Frontalunterricht zur Freiarbeit

Deine erste Zeit als Referendar wirst du vor allem mit Hospitationen verbringen. Konkret bedeutet das: Du wirst als Beobachter dem Unterricht deiner Lehrerkollegen beiwohnen und diesen in manchen Fällen mit ihnen besprechen. Natürlich ist es immer sinnvoll, sich während der Hospitation Notizen für eventuelle Rückfragen zu machen. Auch wenn du an deiner Hochschule oder Universität bereits viel über moderne Unterrichtsansätze gehört hast, ist es wichtig, den Unterricht deiner Kollegen zu respektieren – ob du Teile davon für deinen eigenen Unterricht übernimmst, bleibt natürlich dir überlassen.

Während deiner Hospitationszeit wirst du viele Lehrertypen und voraussichtlich ebenso viele Unterrichtmethoden kennenlernen. Vom Frontalunterricht über die Stationenarbeit bis hin zum offenen Unterricht existieren viele Varianten. Letztlich

musst du deinen eigenen Stil finden. Trotzdem wollen wir dir kurz die gängigsten Formen vorstellen.

Die goldene Mitte zwischen den Extremen

Der Frontalunterricht war früher die am weitesten verbreitete Unterrichtsmethode. Sie stellt – ähnlich der Vorlesung in der Universität – den Lehrer als Dozenten in den Mittelpunkt des Unterrichts: Die Lehrperson unterrichtet frontal mittels eines Vortrags oder Tafelanschrieb das Thema. Diesem Unterrichtsstil wird oft zur Last gelegt, dass er die individuelle Ausgangslage der Schüler nicht berücksichtige und der Leitidee der Differenzierung nicht gerecht werden könne. Der Frontalunterricht repräsentiert das Extrem des geschlossenen Unterrichts.

Auf der anderen Seite positioniert sich als Extrem die Freiarbeit. Folgt man den großen Reformpädagogen, dann bedeutet Freiarbeit die freie Beschäftigung mit selbst-gewählten Themen. Dabei agiert der Lehrer als Unterstützer und Berater. Doch auch hier gibt es in der Diskussion Vorwürfe bezüglich der Praktikabilität innerhalb eines Schulwesens, welches curricular ausgerichtet ist und (derzeit) auf Leistungsmessung basiert.

Zwischen diesen beiden Extremen befinden sich einige Methoden, derer man sich bedienen kann, ohne eine Richtung zu sehr zu betonen. Eine ausgewogene Mischung aus geschlossenen und offenen Unterrichtsformen wird inzwischen weitestgehend befürwortet.

Einige dieser Arbeitsvarianten hast du bereits während deines Studiums kennenge-lernt. Uns erscheint es trotzdem sinnvoll, die drei gängigsten Varianten zwischen den Extremen kurz anzusprechen:

Stationsarbeit

Die Schüler erarbeiten innerhalb einer vorgegebenen Zeit stationsartig organisierte Unterrichtsinhalte. Die einzelnen Stationen können aufeinander aufbauen oder für sich stehen. Eine Differenzierung ist hier sowohl auf qualitativer als auch auf quantita-tiver Ebene gut möglich: Wahlmöglichkeiten im Schwierigkeitsgrad (qualitative Differenzierung) kannst du durch Symbole oder Farben an den einzelnen Stationen kennzeichnen. Für schnelle Schüler bietest du „Königs-" oder „Zusatzstationen" an (quantitative Differenzierung). Ein Laufzettel hilft den Lernenden bei der Orientierung.

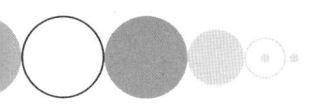

Wochenplanarbeit

Die Schüler erhalten zu Wochenbeginn einen (individuell zugeschnittenen) Plan, welcher verpflichtende Aufgaben und einen Wahlbereich vorsieht. Die Aufgaben können in Form von Stationen aufgebaut sein oder aus Arbeitsblättern, Buchaufgaben oder handlungsorientierten Arbeiten bestehen. Auch innerhalb der Wochenplanarbeit ist Differenzierung durch individuell auf den einzelnen Schüler abgestimmte Aufgaben möglich und sinnvoll.

Lernzirkel

Die Schüler durchlaufen kreisförmig aufgebaute Lerneinheiten entweder in Gruppen (die Verweildauer an den Stationen ist dabei festgelegt) oder individuell. Das Durchlaufen in Gruppen erscheint in vielen Fällen wenig sinnvoll, da die Schüler meist unterschiedlich viel Zeit benötigen, um zum Ergebnis zu gelangen. Solltest du jedoch kooperatives Arbeiten in den Lernzirkel einbetten wollen, empfiehlt sich vor allem bei naturwissenschaftlichen Experimenten, dass die Aufgaben innerhalb der Gruppe gut verteilt werden. Tipps zum kooperativen Lernen werden wir im weiteren Verlauf noch geben. Die Kontroverse über die optimale Methode für gelingenden Unterricht ist schon seit vielen Jahren in vollem Gange. Oft wird dabei aber vergessen, dass es „die Methode" schlechthin nicht geben kann, da Unterricht ein hochkomplexes Geflecht aus Faktoren (auf Schüler-, Lehrer- und Inhaltsseite) ist. Um diesem Geflecht gerecht zu werden, bedarf es didaktisch begründeter Einzelentscheidungen. Schwarzweißmalerei sollte deshalb immer mit Vorsicht genossen werden.

Learning by doing: Handlungsorientierter Unterricht

Einig ist man sich hinsichtlich der Tatsache, die bereits seit Pestalozzi in aller Munde ist: Man behält das, was man selbst getan hat, am besten. Jeder kennt das wahrscheinlich auch aus der eigenen Schulzeit: Das Mikroskopieren im Biologiesaal blieb wohl eher im Gedächtnis als die detailgetreue Geschichte der Weimarer Republik. Man nennt dieses Prinzip im didaktischen Jargon auch Handlungsorientierung. Handlungsorientierung bezieht sich auf die direkte Begegnung und die handelnde Arbeit des Schülers am Lerngegenstand (Beispielsweise die Laubstreuuntersuchung mit einer Becherlupe). Achtung: Das Ausschneiden und ins Heft kleben eines „Laubbewohner-Puzzles" ist für die Schüler zwar eine willkommene Abwechslung, die nebenbei wohl auch die Motorik schult, zählt aber höchstens als handelndes Element und nicht als handlungsorientierter Unterricht.

Mehr als nur Gruppenarbeit: Kooperatives Lernen

Im Sinne der Kompetenzorientierung fällt auch immer wieder der Terminus des kooperativen Lernens als Schlagwort. Wie die Bezeichnung schon durchklingen lässt, stehen hier neben dem inhaltlichen Wissen vor allem kooperative Fähigkeiten (die sich den sozialen und personalen Kompetenzen zuordnen lassen). Erinnere dich einmal an deine eigene Schulzeit zurück: Sicher gibt es etliche Situationen, die mit der Arbeit in Gruppen zu tun hatten. Da waren meist Schüler, welche die ganze Arbeit der Gruppe allein erledigten und kein Vertrauen in die anderen Mitglieder hatten. Zudem gab es die Trödler, denen es zumeist völlig egal war, was die Aufgabe beinhaltet, denn die anderen würden es schon richten. Profitieren konnte also weder das Mittelfeld, noch die „Trödler", noch der Lehrer. Und selbst die Strebsamen waren meist genervt durch das ständige Störverhalten der „Trödler". Warum also Gruppenarbeit?

Um deinen ehemaligen Lehrer in Schutz zu nehmen: Die Idee der Gruppenarbeit ist durchaus sinnvoll. Man möchte Teamfähigkeit und andere soziale Fähigkeiten fördern. Soweit so gut, gäbe es da nicht die angesprochenen Schlupflöcher, durch die sich einige Schüler stets der Verantwortung entzogen hatten. Langsam aber sicher erkannten die Pädagogen, dass man hier auf andere Weise anknüpfen müsse: Dies war die Geburtsstunde des kooperativen Lernens.

Kooperatives Lernen bezeichnet eigentlich Arbeit in der Kleingruppe. Aber hier regiert nicht die Willkür, sondern ein didaktisches Konzept, welches folgende Grundvoraussetzungen mit sich bringt:

1. Die Gruppe bekommt eine „Cooperate Identity", sprich einen Teamnamen, ein Symbol oder Ähnliches. Das schafft zwischen allen Gruppenmitgliedern ein Zugehörigkeitsgefühl und animiert zum Arbeiten im Sinne des Teamgedankens.

2. Alle Mitglieder sind zu gleichen Teilen für den Erfolg mitverantwortlich. Die Aufgabe ist also so strukturiert, dass jedes Mitglied seinen Teil dazu beitragen muss, damit die Gruppe am Ende der Arbeitsphase erfolgreich ist. Dabei ist jedes Mitglied dafür verantwortlich, seinen eigenen Arbeitserfolg und den der Gruppe sicherzustellen.

3. Der Arbeitsprozess soll im Anschluss von der Gruppe reflektiert werden. Wichtig sind Fragestellungen wie: Was lief gut? Wo können wir uns in Zukunft verbessern?

Vorschläge, wie man diese Elemente des kooperativen Lernens praktisch umsetzen kann, gibt es einige. Eine abschließende Aufzählung würde den Rahmen dieser kurzen Begriffsklärung sprengen. Als besonders bewährt erwiesen sich im Unterrichtsalltag das Gruppenpuzzle sowie das Lerntempoduett.

Das Gruppenpuzzle

Im Gruppenpuzzle erarbeiten sich einzelne Gruppen ihr Expertenwissen (AAAA, BBBB, CCCC, DDDD). Diese Gruppen trennen sich im Anschluss und setzen sich neu zusammen, wobei in den neuen Gruppen zu jedem Teilbereich ein Experte zu finden ist (ABCD, ABCD, ABCD, ABCD). Die Gesamtaufgabe ist nur mit dem Expertenwissen aller Gruppen zu lösen. Dargestellt sei dies am Geografie-Thema „Die USA – ein vielfältiges Land".

Expertengruppe 1:	Expertengruppe 2:	Expertengruppe 3:	Expertengruppe 4:
Nationalparks in den USA	Das politische System der USA	Klimazonen der USA	Entdeckung Amerikas
Mitglieder: AAAA	*Mitglieder:* BBBB	*Mitglieder:* CCCC	*Mitglieder:* DDDD

Neuformierung der Gruppen nach dem Aneignen des Expertenwissens

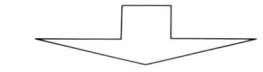

Arbeitsgruppe 1:	Arbeitsgruppe 2:	Arbeitsgruppe 3:	Arbeitsgruppe 4:
Die USA – Ein Land vielfältiges Land	Die USA – Ein Land vielfältiges Land	Die USA – Ein Land vielfältiges Land	Die USA – Ein Land vielfältiges Land
Mitglieder: ABCD	*Mitglieder:* ABCD	*Mitglieder:* ABCD	*Mitglieder:* ABCD

Das Lerntempoduett

Diese Form des kooperativen Lernens zielt vor allem auf die unterschiedliche Zeit, welche die Schüler zum Lösen einer Aufgabe benötigen. Sie bezieht sich auf Kleingruppen mit zwei Schülern. In einer ersten Phase eignen sich die Schüler in Einzelarbeit entweder Expertenwissen A oder Expertenwissen B an.

In einer zweiten Phase finden sich zwei – bezüglich ihres Lerntempos – gleich schnelle Schüler aus beiden Gruppen zusammen und erklären sich gegenseitig die erarbeiteten Inhalte. In dieser Phase kann auch eine Diskussion beider Gruppenmitglieder entstehen. Dargestellt sei dies am Thema „Tourismus in den Alpen".

Expertengruppe 1 in Einzelarbeit: Pro-Argumente zum Tourismus in den Alpen.	**Expertengruppe 2 in Einzelarbeit:** Contra-Argumente zum Tourismus in den Alpen.
Mitglieder: AAAAAAAAA	*Mitglieder:* BBBBBBBBB

Bildung von Zweiergruppen (Duett) nach individuellem Lerntempo

Arbeitsgruppe 1: Pro- und Contra-Argumente zum Tourismus in den Alpen.	**Arbeitsgruppe 2:** Pro- und Contra-Argumente zum Tourismus in den Alpen.	**Arbeitsgruppe 3:** Pro- und Contra-Argumente zum Tourismus in den Alpen.
Mitglieder: A	*Mitglieder:* AB	*Mitglieder:* AB

3.4 Die Arbeit mit Kompetenzrastern

Die Bildungsanforderungen, Sozialisationsbedingungen und der mediale Umgang der Schüler haben sich in den letzten Jahren drastisch verändert. Kompetenzorientierung und Differenzierung sind die Schlagwörter der aktuellen sowie zukünftigen Lehrpläne. Doch was steckt eigentlich dahinter und wie lässt sich dieser Ansatz im Unterricht umsetzen? Offene Unterrichtskonzepte und entsprechende Reformkonzepte gehen schon seit jeher davon aus, dass es nicht möglich sei, allen Schülern im gleichen Zeitraum denselben Stoff beizubringen. Die Sozial- und Schulforschung bestätigt in heutiger Zeit diesen Fakt zunehmend: Die Schülerschaft hat eine höchst unterschiedliche Lernausgangslage. Im Klartext: Jeder Schüler lernt anders. Wie wir bereits im vorigen Abschnitt angeführt haben, integrieren viele Lehrkräfte geöffnete Elemente, wie Lerntheken und Freiarbeitsphasen, in ihren Unterricht. Noch einen Schritt weiter geht das Konzept der Kompetenzraster. Da immer mehr Schulen diesen Weg beschreiten, erscheint es uns wichtig, einen kurzen Überblick über diese Art des Unterrichtens zu geben.

Jede Schule hat ihr eigenes Konzept

Solltest du einer Schule zugewiesen werden, die bereits mit Kompetenzrastern arbeitet, hab keine Panik! Im Gegenteil: Du hast die Chance, ein hochmodernes Unterrichtskonzept kennenzulernen und praktisch zu erproben.

Generell gilt: Die Ausgestaltung des Unterrichts unterliegt zu einem großen Teil dem didaktischen Konsens der Schule, deshalb kann auch die Arbeit mit Kompetenzrastern völlig unterschiedlich gestaltet sein. Unser Beispiel kann deshalb keine generelle Gültigkeit haben und soll lediglich dazu dienen, dir einen ersten Einblick zu verschaffen. Aus deiner eigenen Schulzeit kennst du vermutlich folgende Art des Unterrichts: Der Lehrer steht an der Tafel, demonstriert etwas oder führt neue Unterrichtsinhalte ein. Daraufhin folgt eine Stillarbeitsphase mit Übungsaufgabe, die anschließend besprochen werden. Auch heute wird vielerorts noch auf diese Weise unterrichtet. Doch es verbreiten sich immer stärker Konzepte, deren Mittelpunkt die Schülertätigkeit ist. Die Schüler arbeiten selbstständig an Unterrichtsinhalten, während der Lehrer beratend zur Seite steht. Im Prinzip entspricht auch diese Art des Unterrichts den Grundsätzen offenen Unterrichts.

Kompetenzrasterarbeit als Beispiel am Fach Geografie

Neuerdings kommen immer öfter Kompetenzraster zum Einsatz. Ein Kompetenzraster ist ein tabellarischer Überblick über die Kompetenzen, die ein Schüler erreichen kann. Es beinhaltet aber auch konkrete Themen und Inhalte, die im Rahmen eines Faches zu erarbeiten sind.

Eine beispielhafte Vorgehensweise kann folgende sein: Jeder Schüler bekommt zu Beginn des Schuljahres die auf der folgenden Seite abgebildete Tabelle (Raster) ausgehändigt und erhält somit einen sofortigen Überblick über die zu erarbeitenden Themen im Laufe des Schuljahres. Die einzelnen Kompetenzen und ihre Ausprägungen (Lernstufen) ergeben sich aus dem Lehrplan des jeweiligen Bundeslandes. Lernstufe 1 ist das zu erreichende Mindestniveau, während Lernstufe 3 ein sehr elaboriertes Kompetenzniveau darstellt.

Kompetenz	Lernstufe 1	Lernstufe 2	Lernstufe 3
Ich kann mich mithilfe von Karten und Schaubilder orientieren (A)	Ich finde auf dem Atlas Kontinente, Städte, Flüsse, Länder und kann mit dem Koordinatensystem und dem Register arbeiten. (A1)	Ich kann Diagramme lesen (z. B. Klimadiagramm) und kann mit der Legende von Atlanten arbeiten. (A2)	Ich kann Skizzen, Schaubilder und Klimadiagramme selbst anfertigen. (A3)
Kompetenz B	…	…	…
Kompetenz C	…	…	…

Im aufgeführten Beispiel werden die Schüler zu Beginn des Schuljahres in die Arbeit mit dem Kompetenzraster eingewiesen. Sie wissen, dass sie alle aufgelisteten Kompetenzen innerhalb des Schuljahres erreichen müssen, wobei die Kompetenzstufe von der Leistungsfähigkeit der Schüler abhängt. Generell müssen die Schüler jedoch nachweisen, dass sie Lernstufe 1 einer Kompetenz erreicht haben, bevor sie Lernstufe 2 erarbeiten.

Unterrichtsorganisation – Lernmappen als Konkretisierung der Kompetenzraster
Wir gehen davon aus, dass das Kollegium sehr gut zusammenarbeitet und dabei arbeitsteilig die Unterrichtsmaterialien gemeinsam entwickelt hat. So steht für jedes Thema und jede Lernstufe ein Arbeitsheft bereit. Innerhalb des Arbeitsheftes finden die Schüler verschiedene Materialien, Aufgabenstellungen, Internetlinks, Skizzen, Anregungen und Übungsformen. Die Schüler bearbeiten das Material eigenständig und können bei Schwierigkeiten den Lehrer aufsuchen, welcher eine beratende Funktion innehat. Die Arbeitshefte können verschiedenartig gestaltet sein: Von konkreten Aufgabenstellungen bis hin zu relativ offenen Portfolios sind keine Grenzen gesetzt!
Selbstverständlich gelten hier dieselben Prinzipien wie für jede andere Art des Unterricht auch: Handlungsorientiertes und kooperatives Material ist am nachhaltigsten!
So kann es sein, dass sich zum selben Zeitpunkt Schüler sich mit dem Klimawandel auseinandersetzen, andere eine Präsentation über die USA entwerfen oder sich mit dem Wattenmeer beschäftigen. Der Vorteil liegt auf der Hand: Jeder Schüler hat die Zeit zur Verfügung, die er individuell benötigt.

Individualisierter Unterricht bedarf individualisierter Leistungsnachweise
Selbstverständlich ist es die Aufgabe des Lehrers, die Schüler nicht nur zu beraten, sondern auch ihre Kompetenzen zu prüfen und zu bestätigen. Da jeder Schüler zu einem anderen Zeitpunkt ein Thema abschließt, sind individuelle Prüfungen an Stelle von Klassenarbeiten unabdingbar. Unsere Beispielschule hat sich dazu entschieden, zweimal in der Woche Prüfungen abzunehmen. Immer dienstags und donnerstags in den ersten beiden Stunden haben Schüler die Möglichkeit, ihre Kompetenz nachzuweisen. Mindestens eine Woche im Vorfeld müssen sie sich beim betreffenden Lehrer dafür anmelden. Dieser informiert die Schüler über die Art und Anforderungen des Leistungsnachweises. Der Leistungsnachweis kann ein schriftlicher Test, eine mündliche Prüfung, eine Präsentation, ein Portfolio oder ein kleines Projekt sein. Hat der Schüler die Kompetenz erreicht, bekommt er vom Lehrer dafür einen Punkt oder eine Note. Aus der Summe aller Nachweise ergibt sich zum Schuljahresende dann eine Ziffernnote. Eine Mindestanzahl an zu erbringenden Nachweisen muss allerdings im Vorfeld festgelegt werden, damit nicht erbrachte Nachweise mit „ungenügend" in die Note einfließen können.

Regelmäßige Reflexion auf dem Weg zur Selbstständigkeit
Einmal in der Woche füllen die Schüler einen Reflexionsbogen in Bezug auf die vergangene Woche aus und begeben sich dann für ein kurzes Gespräch zum Lehrer. Die Schüler reflektieren ihr Sozialverhalten, ihren Arbeitsfortschritt und eventuelle Schwierigkeiten. Der Lehrer berät daraufhin die Schüler und schließt mit ihnen Zielvereinbarungen für die kommende Woche. Diese Zielvereinbarungen können als Gesprächsgrundlage in der Folgewoche verwendet werden. Die Lernenden sollen so Stück für Stück zur Selbstständigkeit erzogen werden, während sich die Lehrperson als Berater weitestgehend im Hintergrund hält.

Neu gewonnene Zeit sinnvoll einsetzen
Wer schon einmal frontal unterrichtet hat, weiß wie stark die Belastung sein kann, der ständige Mittelpunkt der Klasse zu sein. Der Unterricht mit Kompetenzrastern entlastet den Lehrer in dieser Hinsicht und setzt ein neues Zeitkontingent innerhalb der Unterrichtsstunde frei. Die Lehrer unserer Beispielschule nutzen diese Zeit um individuelle Lerngespräche zu führen, Materialien bereitzustellen, Kompetenznachweise abzunehmen und die Schüler zu beobachten und daraus gezielte Fördermaßnahmen abzuleiten.

Auch gemeinsame Phasen sind wichtig

Natürlich gilt auch hier: Die Mischung macht's. Deshalb hat sich unsere Beispielschule entschieden, dass mindestens einmal täglich eine Gemeinschaftsstunde stattfindet. Hier werden Themen durch den Lehrer eingeführt oder organisatorische Dinge besprochen. Wichtig ist bei aller Arbeit eine klare Struktur. Denn nur wenn die Lehrer selbst den Überblick in einem solch differenzierten System behalten, können sich auch die Schüler darin orientieren.

Keine Angst vor der Prüfung

Die Arbeit mit Kompetenzrastern ist sehr fortschrittlich. So sind auch die Lehrbeauftragten der Seminare daran interessiert, die Ausbildung an solchen Schulen zu fördern. Solltest du an einer Schule eingeteilt sein, die eine solch offene Arbeitsform praktiziert, keine Panik! Suche das Gespräch mit deinen Ausbildern. Meist werden Prüfungen auch in diesem Umfeld abgenommen und deine Kompetenz wird weniger an Einstiegs- und Zusammenführungsphasen festgemacht, sondern du wirst als Lernbegleiter mit deiner Beratung und der Gestaltung deiner Lernaufgaben im Fokus der Prüfer stehen. In jedem Fall wird man der Arbeitsweise der Schule Rechnung tragen und dir transparente Prüfungskriterien an die Hand geben. Also nutze die Chance, hier kannst du Entscheidendes für dein Berufsleben lernen!

3.5 Der eigenständige Unterricht – ein neuer Abschnitt beginnt

Schon der Sprung vom Studium ins Referendariat ist für viele schnell mit einem Begriff umschrieben: Praxisschock. Plötzlich zählt weniger das Theoriewissen über große Erziehungswissenschaftler, sondern praktisches Handlungswissen und das konkrete Arbeiten in der Schule mit all seinen Facetten. Prinzipiell ist der Vorbereitungsdienst meist in zwei Phasen gegliedert: Die Hospitationsphase und die Phase des eigenständigen Unterrichtens. Beide bauen aufeinander auf und sollen den Übergang ins Dasein als Junglehrer möglichst geschmeidig gestalten.

Den Aufbau des Referendariats haben wir bereits im zweiten Kapitel genauer beleuchtet. Hier soll es nun vor allem auf die Zeit des eigenständigen Unterrichts und deine dazugehörenden Aufgaben eingegangen werden.

Genug gesehen – Zeit für eigene Erfahrungen

Während die Hospitationsphase vor allem der ersten Orientierung in deiner Ausbildungsschule dient, wirst du in der zweiten Phase deines Vorbereitungsdienstes vorrangig eigene Erfahrungen sammeln. Je nach Ausbildungsfach wirst du deine Klasse entweder in einem Fach oder Fächerverbund übernehmen. Das bedeutet nicht weniger als die Übernahme eines Lehrauftrages für das jeweilige Fach – natürlich mit allem, was dazugehört.

Dein Mentor wird weiterhin für dich da sein und auch dem einen oder anderen Unterricht von dir beiwohnen, generell wirst du allerdings eine Vielzahl deiner Unterrichtsstunden allein absolvieren, um dich an den späteren Beruf zu heranzutasten. Doch keine Angst, bis zu diesem Zeitpunkt wirst du genug Möglichkeiten für Unterrichtsversuche gehabt und deine Klassen kennengelernt haben. Im Regelfall wirst du auch in dieser Klasse deine Lehrprobe absolvieren. Dir bieten sich also ausreichend Möglichkeiten, Vorarbeit im Sinne der Klassenführung zu leisten. Solltest du dich unsicher fühlen oder deine Vorgesetzten den Eindruck haben, dass es deiner Entwicklung förderlich wäre, die Hospitationsphase zu verlängern, besteht diese Möglichkeit im Regelfall, ist aber in den meisten Fällen mit Gehaltskürzungen aufgrund der längeren Ausbildungszeit verbunden.

Das erste „richtige" Schuljahr

Grundsätzlich kommen auf dich im zweiten Ausbildungsabschnitt die Anforderungen zu, die jenen eines Fachlehrers entsprechen. Du wirst den kompletten Unterricht im jeweiligen Fach übernehmen, Schülerleistungen messen, diagnostizieren, fördern und beraten. Meist ist es deine Pflicht, der Schulleitung einen Stoffverteilungsplan vorzulegen. Hier ist die Unterrichtsplanung für das gesamte Schuljahr Woche für Woche dargestellt. Eine entsprechende Vorlage findest du im Anhang. Es empfiehlt sich, den Stoffverteilungsplan nicht zu sehr auszudifferenzieren, da es oft zu Beginn des Lehrerdaseins noch schwierig ist, Zeiträume richtig einzuschätzen. Du solltest zudem die zeitliche Einteilung deiner Unterrichtsthemen gut bedenken und zur Planung auch den vorgegeben Prüfungszeitraum in deine Überlegungen mit einbeziehen.

Jeder Referendar favorisiert andere Themen: Lege Themen, welche dir zusagen, wenn möglich und didaktisch sinnvoll, in den Prüfungszeitraum. Spätere Abweichungen vom abgegebenen Stoffplan werden von den Prüfern meist nicht akzeptiert.

Schülerbeobachtung und Leistungsmessung

Da du auch Elterngespräche führen wirst, ist es sinnvoll, das Verhalten und die unterrichtliche Arbeit deiner Schüler regelmäßig zu dokumentieren. Auch hier findet sich eine entsprechende Vorlage im Anhang. Gerade in geöffneten Lernarrangements nimmt die Schülerbeobachtung eine noch wichtigere Rolle ein, als man dies auf den ersten Blick vermuten mag. Zum einen liefern dir die Notizen, die du während oder direkt im Anschluss an den Unterricht machst, ein differenziertes Bild über deine Schüler, zum anderen dienen sie als Grundlage zur Vorbereitung auf Elterngespräche. Wir empfehlen zudem, schon bei der Erstellung eines Stoffverteilungsplanes an die Verteilung der schriftlichen Arbeiten zu denken. Welche Regelungen bezüglich schriftlicher Leistungsmessung herrschen, erfährst du durch deine Schulleitung oder deinen Mentor. Achte auf genügend Abstand zwischen den schriftlichen Arbeiten – damit die Schüler keine „Ballungszeiträume" erleben und du ausreichend Korrekturzeit hast. Wichtig ist hierbei auch die Absprache mit Kollegen, die in der Klasse unterrichten: Zwei schriftliche Arbeiten an einem Tag sind oft nicht zulässig!

Der eigenständige Unterricht – zwischen Alltag und Schaustunde

Eine Prüfungsstunde vermittelt kaum ein realistisches Bild vom späteren Unterricht. Vielmehr vereint sie alle Elemente eines guten Unterrichts und repräsentiert das methodisch-didaktische Repertoire des Referendars, da dies momentan als Grundlage der Bewertung herangezogen wird. Ein alltagstauglicher Unterricht – auch im Blick auf die eigene Gesundheit – impliziert ohne Zweifel Elemente, die auch in den sogenannten „Schaustunden" gefordert werden.

Für dich ergeben sich im eigenständigen Unterricht zwei Ziele: Du sollst ein realistisches Bild von deinem späteren Beruf gewinnen und dabei einen ausgewogenen Unterrichtsstil entwickeln. Außerdem sollst du dich schrittweise auf die anstehende Prüfung vorbereiten. Prüfungsvorbereitung bedeutet aber nicht, dass jede deiner Unterrichtsstunden das Niveau einer Prüfungsstunde haben muss. Das Ziel besteht eher darin, verschiedene Unterrichtsformen auszuprobieren und einen fortlaufenden Unterricht anstelle isolierter Einzelstunden zu erleben. Natürlich nutzt du die Zeit des eigenständigen Unterrichts auch dazu, die Prüfungssituation zu trainieren (unter anderem durch Unterrichtsbesuche). Doch immer auf dem Boden bleiben: Der Maßstab einer Prüfungsstunde im Sinne eines didaktischen Feuerwerks ist nicht auf die Gesamtheit deiner unterrichteten Stunden anzuwenden: Haushalte mit deinen Ressourcen – du wirst sie brauchen.

3.6 Klassenführung – Prävention statt Intervention

„Referendariat? Oh je, bei mir sind die Schüler damals über Tische und Bänke gegangen! Schau gleich, dass du in der Klasse klarmachst, wer der Chef ist". So lautete damals der gutgemeinte Ratschlag einer noch jungen Kollegin. Viele angehende Referendare sorgen sich vor allem um Disziplinprobleme und halten den Unterricht für einen täglichen Kampf. Natürlich nehmen erzieherische Fragen einen gewichtigen Teil in deinem späteren Lehrerdasein ein. Es ist auch nicht von der Hand zu weisen, dass dieser Aufgabenbereich von vielen Kolleginnen und Kollegen als sehr belastend empfunden wird.

In diesem Kapitel wollen wir uns deshalb der Klassenführung widmen. Klassenführung bedeutet in diesem Fall nicht primär Disziplinprobleme mit Autorität zu lösen, sondern pädagogische Ansätze zu finden. Wir werden deshalb die Fragen klären, was heutzutage unter gelungener Klassenführung verstanden wird und welche Möglichkeiten sich daraus für deinen praktischen Unterricht ergeben.

Gute Klassenführung – mit „gnadenlosem Durchgreifen" ans Ziel?
Der Begriff „Klassenführung" scheint vordergründig sehr schnell durchleuchtet zu sein. Man könnte als Erklärung einfach die Phrase „die Klasse im Griff haben" zu Hilfe nehmen. Doch diese kaum differenzierte Floskel hilft uns in der Praxis kaum. Eine Klasse zu führen bedeutet heute viel mehr als noch vor zwei oder drei Jahrzehnten. So wie auch Führungskräfte in Unternehmen – zumindest im besten Falle – ihre Angestellten als Individuen behandeln sollten, gilt es auch für die Lehrkraft, ein neues Verständnis von Führung zu entwickeln.

Einfacher ist es daher, wenn wir uns von der anderen Seite diesem Begriff nähern. Was soll durch eine gute Klassenführung (was auch immer das genau sein kann) erreicht werden? Das Ziel ist womöglich schnell gefunden: Ein störungsarmer Unterricht, in welchem die Schüler aktiv und motiviert arbeiten und möglichst viel für ihr späteres Leben „mitnehmen".

Da nun das Ziel klar abgesteckt wurde, fällt womöglich schnell ins Auge, dass „gnadenloses Durchgreifen" hier nicht wirklich weiterhilft. Durch überzogene Strenge bekommt man vielleicht kurzfristig das Problem der Unterrichtsstörungen in den Griff – alles andere bleibt jedoch dafür umso mehr auf der Strecke. Denn erfolgreiches Lernen in einem von Autorität geprägten Klima ist wenig erfolgversprechend. Zudem

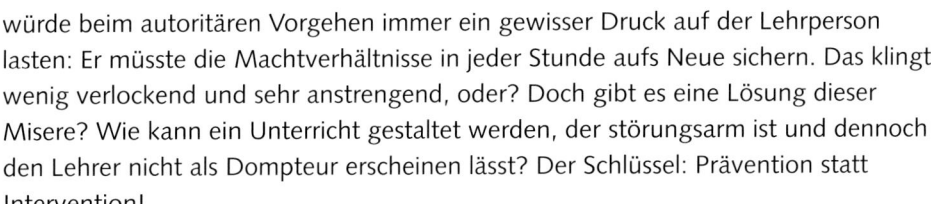

würde beim autoritären Vorgehen immer ein gewisser Druck auf der Lehrperson lasten: Er müsste die Machtverhältnisse in jeder Stunde aufs Neue sichern. Das klingt wenig verlockend und sehr anstrengend, oder? Doch gibt es eine Lösung dieser Misere? Wie kann ein Unterricht gestaltet werden, der störungsarm ist und dennoch den Lehrer nicht als Dompteur erscheinen lässt? Der Schlüssel: Prävention statt Intervention!

Welcher Erziehungstyp bist du?

Wenn wir die klassischen Erziehungsstile der permissiven Erziehung, der autoritären Erziehung und der autoritativen Erziehung zur Veranschaulichung heranziehen, ergeben sich drei Lehrertypen, anhand welcher wir die Problemstellung erläutern können.

	Typus: „Macht doch, was ihr wollt"	Typus: „Gemeinsam und konsequent"	Typus: „Ich bin hier der Chef"
Erziehungs-stil	laissez-faire	autoritativ	autoritär
Verhältnis zur Klasse	Hat sich der Klasse ergeben und handelt wenig konsequent bis inkonsequent.	Erarbeitet *mit der Klasse* einen Konsens und setzt diesen konsequent durch.	Sichert die „Herrschafts-verhältnisse" ständig aufs Neue durch Strenge und Disziplinierung.
Rolle von Regeln	Stellt keine Regeln auf oder besteht nicht konsequent auf deren Einhaltung	Regeln werden gemein-sam aufgestellt und konsequent umgesetzt.	Stellt Regeln in Allein-herrschaft auf.
Disziplin durch …	–	Einsicht und ggf. Sanktionierung von Fehlverhalten	Strafe
Wirkung auf die Schüler	Verwirrend, da keine klar definierte Erwartungshaltung	Klare Erwartungshaltung	Klare Erwartungshaltung, wenn nicht willkürlich diszipliniert wird
Wirkung auf das Lernen	Hinderlich, da kein Orientierungsrahmen	Förderlich, da Orientie-rungsrahmen vorhanden	Klassenklima durch Angst geprägt

In jedem Kollegium wirst du Kollegen aller drei Lehrertypen finden. Viele Kollegen werden dir vielleicht auch zum „Cheftypus" raten, da dies der einzige Weg sei, für

„Ruhe" in der Klasse zu sorgen. Wie wir jedoch bereits angesprochen haben, ist „Ruhe" als solche nur ein Teilziel der Klassenführung. Wir hoffen natürlich, dass du dem Typus „gemeinsam und konsequent" entsprichst, da dieser vor allem auf lange Sicht am erfolgversprechendsten erscheint.

Regeln gemeinsam erarbeiten – autoritativ zum Klassenglück

Im Folgenden möchten wir einige Tipps geben, wie man praktisch im Unterricht handeln kann. Eine klar definierte Erwartungshaltung seitens des Lehrers ist für die Schüler eine sehr wichtige Orientierungshilfe. Klar definierte Grenzen und vor allem wohl überlegte Konsequenzen bei Grenzüberschreitungen sind ein Grundpfeiler funktionierender Klassenführung. Gerade die Konsequenzen werden von vielen Referendaren vernachlässigt. Meist findet sich in der hinteren Ecke des Klassenzimmers irgendwo zwischen eingestaubtem PC-Monitor und Regal für Uraltschulbücher das Plakat für die Klassenregeln. Wenig hilfreich, vor allem wenn darauf schwammige Floskeln wie „Wir sind immer nett zueinander", zu finden sind.

Wichtig ist, dass du mit den Schülern zu Beginn des eigenständigen Unterrichts gemeinsam einen Regelkatalog entwickelst. Dieser kann durchaus auch vom Regelkatalog deines Mentors abweichen, generell ist es jedoch sinnvoll, wenn Schüler mit denselben Erwartungen konfrontiert werden. Nichtsdestotrotz hast du das Recht in deinem eigenen Unterricht neue Regeln auszuarbeiten. Dies kann beispielsweise mithilfe von Arbeitsgruppen entstehen.

„Was wünsche ich mir von meinen Mitschülern während der Schulzeit?". So oder so ähnlich könnte die Eröffnungsfrage lauten, welche in einem Brainstorming weiter differenziert und anschließend in Regeln ausformuliert wird. Folgende Schrittfolge wäre dabei möglich:

1. **Gemeinsames Brainstorming:** Schüler sammeln Ideen im Plenum. Anschließend werden diese Ideen in Teilbereiche zusammengefasst.

2. **Regelfindung:** Kleingruppen von drei bis vier Schülern erarbeiten eine möglichst konkrete Verhaltensregel, die den ihnen zugewiesenen Bereich abdeckt („Wenn andere sprechen, höre ich zu"). Wichtig ist dabei das Wort „ich" sowie eine positive Formulierung der Regeln (Falsch wäre: Wir unterbrechen nicht, wenn andere sprechen). Die Regel wird auf einem Plakat festgehalten.

3. **Konsequenz bei Regelverstoß:** Die Kleingruppen überlegen sich, welche Konsequenz ein Regelverstoß mit sich bringen könnte. Wenn du die Konsequenz als

angebracht und sinnvoll erachtest, kann diese Idee auf einem Plakat festgehalten werden. Begrüßenswert ist es dabei, wenn die Konsequenz nachhaltig soziales Verhalten fördert.

4. **Vorstellung der Arbeitsergebnisse:** In einem letzten Schritt ist es wichtig, wieder ins Ausgangsplenum zu wechseln und die Arbeitsergebnisse der Gruppen vorstellen zu lassen.

Die gemeinsam definierten Klassenregeln sollten anschließend gut sichtbar im Klassenzimmer angebracht werden. Auch die Plakate mit den festgelegten Konsequenzen sollten ihren festen Platz neben den Klassenregeln bekommen. Es macht zudem Sinn, sich auf einige wenige aber wichtige Klassenregeln zu beschränken. Konsequentes Handeln bei Regelverstößen ist natürlich in Zukunft vorausgesetzt: Nichts verwirrt Schüler mehr als ein scheinbar fixer Orientierungsrahmen, dessen Grenzen aber ohne Folge überschritten werden können. Gerade die ersten Wochen in einer neuen Klasse – die Phase, in der die Schüler mit dir die Machtverhältnisse aushandeln – erfordern viel Konsequenz. Du hast das Recht, auf die Einhaltung von Grenzen zu bestehen und die Schüler haben das Recht, zu wissen, wo diese Grenzen sind.

Rituale und Routinen schaffen Sicherheit

Ein routinierter Unterricht mit festgelegten Handlungsabläufen und sich immer wiederholenden Ritualen schafft Sicherheit auf beiden Seiten: Lehrer und Schüler wissen, was auf sie zukommt. Das bedeutet natürlich nicht, dass der Stundenverlauf immer gleich ist und somit irgendwann langweilig sein wird. Vielmehr bezieht sich Routinemäßigkeit des Unterrichts auf ein stabiles und verlässliches Grundgerüst, welches sich an Ein- und Ausstiegsphasen (sowohl bei offenen als auch bei traditionellen Settings) sowie an Gelenkstellen offenbart. Es geht also darum, Übergänge möglichst fließend zu gestalten. Einige Beispiele sind:

- Gemeinsames Begrüßungs- und Abschiedsritual (z. B. Gemeinsames Abschiedslied in der Primarstufe)
- Einteilung und Einbindung von Klassendiensten (z. B. Austeildienst, Tafeldienst, etc.)
- Festgelegte Organisation von Sozialformen (z. B. Organisation von Stuhlkreisen)
- Festgelegte Differenzierungsformen (z. B. Regelung der qualitativen und quantitativen Differenzierung sowie die Regelung von individuellen Pause- und Entspannungszeiten)

- Ritualisierte Unterrichtsinhalte und -formen (z. B. Erzählkreise, Klassenrat, Vorlese-zeiten, Lesezeiten, Freiarbeit etc.)
- Verstärkersysteme (z. B. „Smileypass")
- Akustische Signale (z. B. Klangschale, Aufräummusik)

All diese Rituale bedürfen viel Übung in den ersten Wochen nach der Übernahme deiner Klasse. Lege deshalb vor dem eigenständigen Unterricht genau fest, welche Rituale und Regeln du einführen möchtest. Höre dich während deiner Hospitationen genau um, wie deine Kollegen ihren Unterricht ritualisieren und entscheide, was dir davon zusagt. Jeder Lehrer ist anders und so wirst auch du Ritualen begegnen, die dir weniger liegen. Du brauchst deshalb kein schlechtes Gewissen zu haben: Schau dich einfach nach anderen Möglichkeiten um – der Fantasie sind hier fast keine Grenzen gesetzt.

Verstärkersysteme in der Schule – Erkenntnisse der Lernforschung nutzbar machen
Wie wir aus der Lernforschung wissen, reagiert das Gehirn vor allem auf Verstärker. Das bedeutet: Wird ein erwünschtes Verhalten belohnt, hat dies eine nachhaltigere Wirkung als wenn unerwünschtes Verhalten sanktioniert wird. In der Klasse hat das Belohnen von erwünschtem Verhalten zudem noch den positiven Effekt des Modell-lernens: Der belohnte Schüler wirkt als positives Modell auf seine Mitschüler.
Ihren Ursprung haben Verstärkersysteme im Bereich der Förderschulen. Doch auch in Regelschulen zeigt die Reaktion auf erwünschtes Verhalten große Wirkung. In Grund-schulen bieten sich Smiley-Systeme an: Schüler, die am Ende des Tages gut gearbeitet haben, können einen Smiley erhalten und bei einer bestimmten Anzahl an Smileys bekommen die Schüler eine Belohnung. Besonders verhaltensauffällige Kinder können auf diese Weise auch positive Verhaltensweisen erlernen (einfache und klar definierte Botschaft: „Ich erhalte heute einen Smiley, wenn ich meinen Arbeitsplatz ordentlich halte"). Auch in der Sekundarstufe kann das Grundprinzip solcher Systeme eingesetzt werden. Je nach Alter und Klassenzusammensetzung ist hier natürlich die Kreativität der Lehrkraft gefordert.

Doch wie reagiert man nun auf störendes Verhalten? Oft ist störendes Verhalten ein Versuch, Aufmerksamkeit zu erregen. Würde man hierauf zu stark reagieren, schenkt man dem Verhalten Aufmerksamkeit und riskiert damit bereits, den Schüler darin bekräftigen, sprich zu verstärken. Bei kleineren Unterrichtsstörungen kann störendes

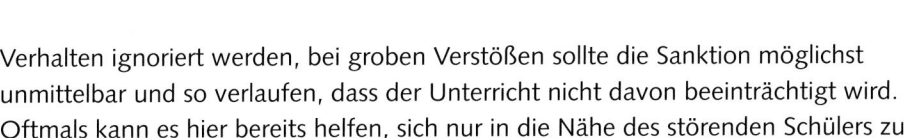

Verhalten ignoriert werden, bei groben Verstößen sollte die Sanktion möglichst unmittelbar und so verlaufen, dass der Unterricht nicht davon beeinträchtigt wird. Oftmals kann es hier bereits helfen, sich nur in die Nähe des störenden Schülers zu begeben und direkten Blickkontakt zu suchen.

3.7 Kleiderwahl in der Schule

Schlabberlook mit Kapuzenpulli, ausgefranste Jeans und ausgetretene Turnschuhe sind zwar ein durchaus beliebter Kleidungsstil während des Studiums, doch im Referendariat sicherlich eher unangebracht. Bestimmte Berufsgruppen definieren ihre Seriosität durch Kleidung. Das Beispiel der Banken ist hier ziemlich passend: Würdest du bei einem Bankangestellten im Heavy-Metal-Shirt und mit Piercings im Gesicht einen Kreditvertrag abschließen? Wohl kaum. So ähnlich verhält es sich auch in der Schule. Als angehender Lehrer ist man in einer durchaus verantwortungsvollen Position: Man entscheidet mitunter über wichtige Gelenkstellen im Leben der Kinder und hat zudem eine nicht zu unterschätzende Vorbildfunktion.

Es ist ein relativ schwieriger Spagat zwischen leger und schick, den der Referendar zu bewältigen hat. Dass dies manchmal gehörig misslingen kann, zeigt das Beispiel der Referendarin, die mit zwölf Zentimeter-Absätzen durchs Klassenzimmer stolziert und so eher in die Disco als in die Schule passen würde. Ebenso wäre mit Sicherheit ein Anzug der falsche Weg, dem schulischen Kleidungsanspruch gerecht zu werden. Und letztendlich ist auch der Lehrer mit den Birkenstock®-Sandalen, dem fleckigen Pullover und der abgescheuerten Cordhose aus den 90er-Jahren kein Vorzeigeobjekt. Doch an wem kann man sich orientieren? Einerseits natürlich an den Kollegen, wobei auch hier morgens ab und an danebengegriffen wird. Die Schulleitung kann manchmal zwar ein guter Anhaltspunkt sein. Bedenke jedoch, dass sie es ist, welche die Schule in allen Belangen nach außen repräsentiert und Inhaber von Funktionsstellen meist eher etwas schicker gekleidet sein sollten. Für den angehenden Lehrer ist sie daher also höchstens ein vager Anhaltspunkt. Doch wie geht er dann, dieser Spagat zwischen Wohlfühlkleidung und Berufsoutfit?

Die Mischung macht's – alltagstauglich und bequem

Pauschal kann man diese Frage wohl nicht beantworten. Und auch ein Blick in die Lehrerkollegien zeigt: Verschiedene Wege führen nach Rom. Aber bei weitem nicht alle. Wir haben einige Tipps für den Unterrichtsalltag zusammengestellt, die dir helfen können, ein passendes Outfit zusammenzustellen. Generell gilt: Wohlfühlen ist wichtig, verkleiden braucht sich jedoch niemand.

- Die klassische Jeans entpuppt sich als wahrer Allrounder. Auf gewagte Waschungen im „Used Look" sollte man zwar lieber verzichten, aber eine gepflegte Jeans ohne ausgefranste Beinenden steht im 21. Jahrhundert sowohl Männlein als auch Weiblein.
- Du trägst gerne Rock? Kein Problem, aber bitte Knielänge als Mindestmaß unbedingt einhalten.
- Beim Schuhwerk sind kaum Grenzen gesetzt. Vom Sneaker bis zum Winterstiefel ist alles in Ordnung, was gepflegt wirkt. Beim Sneaker sollte aber auf Neon-Farben und sonstige modische Extreme verzichtet werden – die Abgrenzung zum Kleidungsstil der Schülerschaft ist ungemein wichtig.
- Wer es etwas schicker und weniger sportlich mag, ist mit klassischen Lederschuhen gut beraten. Auch Pumps sind bis zu einer gewissen Höhe noch vertretbar. Ein kleiner Keilabsatz mit wenigen Zentimetern ist weiblich und auch völlig o.k. Pfennigabsätze und Plateaupumps sind hingegen ein No-Go!
- Eine Strumpfhose unter dem knielangen Rock ist an frischeren Tagen sicherlich sinnvoll. Auch hier empfiehlt sich: Lieber die klassische Variante wählen. „Wet-Look", Leder, Punkte, Muster und Animalprints sind in der Schule einfach fehl am Platz!
- Bluse und Hemd sind klassisch und können meist gut kombiniert werden. An kalten Tagen ein einfarbiger Pullover darüber: Fertig ist der klassische Look des Referendars. Schöne Pullover gibt es auch für Frauen. Doch hier gilt: Unbedingt darauf achten, dass der Ausschnitt der Situation angemessen ist.
- Der Bauchfrei-Look stammt aus den 90er-Jahren. Und dort lassen wir ihn besser auch. Schmuck und Parfum sind prinzipiell in Ordnung. Bei beidem gilt jedoch wie so oft: Weniger ist mehr.

Unter ständiger Beobachtung

Man versetze sich in die Lage eines Schülers. Rund sechs Schulstunden bieten sich jeden Tag, um den Lehrer genau unter die Lupe zu nehmen. Und du kannst dir sicher sein: Den Schülern fällt alles auf. Egal ob neuer Haarschnitt, neue Armbanduhr oder neue Schuhe – zumindest den ersten Reihen entgeht nichts.

Man kann sich ausmalen, wie schnell den Schülern ein Fleck auffällt, der über Tage nicht entfernt wird. Denke selbst einmal an deine eigene Schulzeit zurück: Bestimmt waren die von euch als „schmuddelig" empfundenen Lehrer das Gespött der Klasse. Genau deshalb solltest du nach dem Unterrichtstag deine Kleidung immer auf Kreidespuren und sonstige undefinierbare Flecke kontrollieren. Nichts ist peinlicher als tagelang Flecken mit sich herumzutragen, ohne es zu merken.

Natürlich verlangt niemand, dass man eine Jeans nur einen Tag lang anzieht. Das wäre ökologisch auch mehr als bedenklich. Doch man kann es den Schülern ja zumindest etwas schwieriger machen, indem man sich zwei bis drei Outfits für die kommende Woche zurechtlegt und tageweise variiert.

Cooler Streetstyle in der Schule – eher unpassend

Man könnte prinzipiell davon ausgehen, dass Schüler es „cool" finden, wenn Lehrer- und Schülerschaft ähnlich gekleidet sind. Einige tun das bestimmt auch. Doch die Frage ist, ob du das willst? Auch hier kommt wieder das Thema Nähe und Distanz ins Spiel. Natürlich ist es wichtig, den Schülern offen gegenüberzutreten und Interesse für die jugendliche Lebenswelt zu signalisieren. Wer sich jedoch den Schülern als kumpelhaft anbiedert, kann nicht erwarten, dass er den notwendigen Respekt als Lehrperson erfährt.

3.8 Leistungsbeurteilung

Und wieder einmal nehmen wir eine kleine Zeitreise in deine eigene Schulzeit vor. Stell dir vor, du sitzt im Klassenzimmer. Es hat gerade geklingelt. Einige deiner Klassenkameraden blödeln noch im Zimmer herum, andere räumen gerade ihren Walkman auf, wieder andere schreiben auf die Schnelle noch die versäumte Hausaufgabe ab. Ach wie schön ist es, das Schülerleben. Doch plötzlich wird die trügerische Idylle jäh zerstört, als du deinen Lehrer im Rahmen der Tür erblickst. Mit strengem Blick und einem Stapel an roten Heften unter dem rechten Arm macht sich dieser in Richtung Lehrerpult auf. Die Klasse verstummt. Alle wissen es, doch keiner traut sich, es auszusprechen: Die Rückgabe der Klassenarbeiten steht an.

Angesichts der geschilderten Szene fragst du dich als angehender Lehrer jetzt vielleicht: Wieso überhaupt Klassenarbeiten schreiben? Sind sie doch ein Übel für die
Schüler und ein zusätzlicher Programmpunkt auf der „To-do-Liste" für die gestresste
Lehrerschaft. Auf der einen Seite ist deine Überlegung gar nicht ganz so abwegig,
natürlich sollte an der Argumentation allerdings noch etwas gefeilt werden. Generell
ist die traditionelle Leistungsmessung derzeit gängige Praxis an den meisten Schulen.
Wir wollen in diesem Kapitel kurz erläutern, welche Aufgaben die Leistungsmessung
inne hat und natürlich auch einen Blick über den Tellerrand werfen – denn viele
Schulen arbeiten bereits mit neuen Formen der Leistungsmessung, die ganz andere
Akzente und Schwerpunkte setzen als die traditionelle Form. Darauf werden wir im
weiteren Verlauf noch genauer eingehen.

Warum wird die Schülerleistung überhaupt gemessen?
In der Literatur finden sich reichlich Gründe für Leistungsmessung. Wir wollen uns
allerdings auf die drei wichtigsten beschränken: Selektion, Diagnostik und Rück-
meldung.
Die Schule arbeitet seit vielen Jahren als eine Art Filter, welche ihren Teilnehmern
bestimmte Berufsfelder eröffnet oder verwehrt. Grundlage dieser Auswahl stellen
Ziffernnoten als Symbol für erworbenes Wissen und erlernte Fähigkeiten dar. Die
Schule als Institution entscheidet also zumindest zum Teil über die Lebensläufe der
Schüler – dieser enormen Verantwortung solltest du dir immer wieder bewusst
werden. Die Selektion der Schüler ist für die meisten Akteure – seien es Eltern oder
Schüler – die wichtigste, da sie vordergründig am besten erkennbar ist und auf den
ersten Blick auch einleuchtet.
Doch für dich als angehender Lehrer sollte vor allem die Diagnostik das wichtigste
Element der Leistungsmessung sein. Nur mit einer entsprechenden Diagnose kannst
du Lernschwierigkeiten deiner Klasse und einzelner Schüler sichtbar machen und
gezielt angehen. Die Lernstandserhebung gibt dir also Aufschluss darüber, welcher
Schüler mit welchem Lerngegenstand Schwierigkeiten hat. Spinnt man diesen Gedanken noch weiter, ergibt sich auch eine Rückmeldung an deinen Unterricht: Ist es dir
gelungen, differenziert und auf die Lernausgangslage jedes einzelnen Schülers zu
unterrichten, sollte sich ein weitgehend positives Ergebnis zeigen – natürlich muss
man sich trotzdem von der Illusion verabschieden, nur noch Noten im oberen Drittel
„verteilen" zu können.

Was bedeutet überhaupt „befriedigend" – zum Problem der Bezugsnorm

Zunächst einmal erhalten die Schüler meist Ziffernnoten zwischen 1 und 6, in der gymnasialen Oberstufe erfolgt die Rückmeldung dann in Form eines Punktesystems. Wenn der Lehrer einen guten Tag hatte, erbarmt er sich vielleicht sogar noch dazu, die erzielte Note mit wenigen Sätzen zu erläutern. Allerdings war es das dann meist. Eine einzige Zahl – und jeder weiß, was damit gemeint ist. Aber ganz so einfach ist das nicht. Es kommt nämlich ganz auf den „Wert" hinter dieser Zahl an. Man nennt die Gesamtheit dieser Werte die Bezugsnorm – die Entscheidung über die Bezugsnorm ist also die Entscheidung, welche Leistung mit welcher Note ausgedrückt wird. Insgesamt unterscheiden wir die soziale Bezugsnorm, die individuelle Bezugsnorm und die an Kriterien orientierte Bezugsnorm.

Die soziale Bezugsnorm

„Wie ist denn mein Kind so im Vergleich zu den anderen?": Dies ist für viele Eltern die Frage aller Fragen und du wirst sie selbst vermutlich oft genug hören. Die Eltern haben, wenn auch unbewusst, die soziale Bezugsnorm im Unterbewusstsein verankert, also die Leistung des einzelnen Schülers im Vergleich zur Klasse. Hast du bei der Bewertung einer Klassenarbeit die soziale Bezugsnorm angewendet, sind deine Ergebnisse verzerrt. Du würdest am besten Schüler deiner Klasse die Note „sehr gut" festmachen und ausgehend davon die anderen Schülerleistungen einsortieren. In einer Klasse mit vielen unterdurchschnittlichen Schülern wäre damit eine objektiv durchschnittliche Leistung schon im oberen Drittel einsortiert. Dieses Vorgehen wird der individuellen Benotung nicht gerecht. Vor allem bei Noten im mündlichen Bereich sollte man sich hier nicht verleiten lassen! Der soziale Vergleich bei Klassenarbeiten ist nicht sinnvoll, da individuelle Leistungssteigerungen damit meist entwertet werden. Auch die Angabe einer Durchschnittsnote kann diese Effekte hervorrufen und sollte daher vermieden werden.

Die individuelle Bezugsnorm

Ein Schüler schreibt stets Mathetests im Bereich „mangelhaft" und scheint dabei förmlich zu stagnieren. Mit viel Büffeln und guter Mitarbeit verbessert er sich plötzlich deutlich, was sich in der Note aber nur im Bereich „ausreichend bis mangelhaft" manifestiert. Als Individuum gesehen hat er sich zwar deutlich verbessert, in Bezug auf die Ziffernnote tritt aber für den Außenstehenden kaum eine deutliche Veränderung ein. Die Ziffernnote schränkt uns hier deutlich ein: Auch wenn der Schüler eine wirklich „gute" Entwicklung durchlebt hat, können wir nicht mit der Note „gut" bewerten. Doch wie kann man die individuelle Bezugsnorm weiter in den Mittelpunkt stellen? Mit einer Ziffernnote wohl kaum – ein motivierender Kommentar zur Note scheint im engen Korsett der traditionellen Leistungsbeurteilung die einzige Möglichkeit, individueller Verbesserung Rechnung zu tragen.

Die an „Kriterien orientierte" Bezugsnorm

Diese Bezugsnorm ist für die traditionelle Leistungsmessung die wichtigste Norm. Anhand eines Punktesystems, welches die Anzahl richtiger Lösungen repräsentiert, wird die erreichte Note des Schülers errechnet. Diese Bezugsnorm sollte im Vorfeld möglichst objektiv festgelegt werden. Vor allem bei Aufsatzkorrekturen in den sprachlichen Fächern empfiehlt es sich, eine Kriterientabelle anzulegen, auf die man sich beruft. Transparenz gegenüber Eltern und Schülern ist bei der Leistungsmessung ein unbedingtes Muss. Wer seine Bewertungskriterien festmacht – und das sollte man wenn möglich schon vor dem Test – der muss kein „böses Blut" fürchten. Generell empfiehlt es sich, die Kriterien für die Note „ausreichend" zuerst festzulegen und ausgehend davon die restliche Notenskala. Viele Kollegien haben sich auf ein gemeinsames Vorgehen zur Benotung verständigt. Erkundige dich bei deinem Mentor nach eventuellen Konferenzbeschlüssen.

Die Gütekriterien – Wappne dich vor bösen Überraschungen

Keine Sorge, wir wollen nicht zurück in die Zeit, als du die Schulbank in der Hochschule oder Universität drücken musstest. Trotzdem ist es wichtig, diesen Punkt anzusprechen, denn auch im schulischen Bereich kann man sich durch sauberes Arbeiten gegen böse Überraschungen wappnen. Viele Referendare, aber auch erfahrene Kolleginnen und Kollegen, missachten die Grundgedanken der Gütekriterien, was zur Folge haben kann, dass generell zu mild oder zu streng bewertet wird. Natürlich erinnert sich auch jeder an die Lehrer, bei denen es generell nur Noten zwischen befriedigend und ausreichend gab oder nur extreme Noten am oberen und unteren Rand der Skala verteilt wurden. Das entspricht natürlich mitnichten der Realität. Wir wollen im Folgenden erläutern, was die drei Güteprämissen bezogen auf schulische Leistungsbeurteilung bedeuten:

Objektivität: Auch wenn anstatt dir ein Parallelkollege mit einem deiner Schüler einen Test zu genau demselben Thema durchführen und auswerten würde, sollte der gleiche Messwert herauskommen.

Reliabilität: Stell dir vor, du testest deinen Schüler an zwei hintereinander folgenden Tagen zum selben Thema (der gleiche Lernstand vorausgesetzt): Es sollte stets dasselbe Ergebnis herauskommen.

Validität: Wird mit dem Test eigentlich auch das gemessen, was der Test vorgibt zu messen? Vor allem das klassische Diktat steht im Verdacht, nicht die Rechtschreibleistung, sondern die Stressresistenz der Schüler zu messen. Dies würde bedeuten, dass ein klassisches Diktat nicht valide wäre.

Reflexion – Nach dem Test ist vor dem Test
Der geschriebene Test gibt nicht nur den Schülern und dir Aufschluss über Gelerntes, sondern dient dir als angehender Lehrer vor allem auch als Gegenstand der Reflexion. Folgende Fragen solltest du dir nach dem Test stellen:

- Waren die Schüler den Aufgaben gewachsen? War der Test an den Unterrichtsinhalt und die Übungsaufgaben angepasst?
- Lassen die Schülerleistungen im hinteren Teil des Tests auffällig stark nach? War der Test zu lange?
- Sind alle Schüler mit dem Test fertig geworden oder war die Bearbeitungszeit zu knapp bemessen?
- War mein Test ansprechend gestaltet? Variierten die Aufgabentypen?
- Vielleicht merkst du, dass dein Test nicht gut konzipiert war oder du in deinem Unterricht nicht alle Schüler erreichen konntest. Doch keine Sorge: Es ist noch kein Meister vom Himmel gefallen und selbst gestandene Lehrer tun sich oft noch schwer, einen Test den Gütekriterien angemessen zu gestalten – nur merken es viele gar nicht.
- Solltest du Fragen zur Testgestaltung haben, kann dir sicherlich schon im Vorfeld dein Mentor oder deine Ausbildungsleitung am Seminar beratend zur Seite stehen.

Neue Formen der Leistungsbeurteilung
In den letzten Jahren ergaben sich im Hinblick auf die Leistungsmessung einige Veränderungen. Fehler sind nichtmehr nur ein Anlass, um den Rotstift anzusetzen, sondern sollen im Sinne einer diagnostischen Herangehensweise als wertvolle Einblicke in die kognitiven Strukturen bezüglich der Lernprozesse gesehen werden. Mit anderen Worten: Fehler verraten viel über das Denken der Schüler.
Außerdem gelangte man in diesem Prozess zur Auffassung, dass es falsch sei, lediglich ein fertiges Produkt – zum Beispiel einen geschriebenen Test – zur Bewertung heran-

zuziehen. Grund dafür ist die Tatsache, dass wichtige Teile des gesamten Lernprozesses völlig ausgeblendet werden. Und tatsächlich geht der Weg immer mehr von der reinen Produktbeurteilung hin zu einer gewissen Prozessorientierung. Der gesamte Lernprozess mit all seinen Facetten soll also zur Bewertung herangezogen werden: Nicht nur fachliche, sondern auch methodische, soziale und personale Kompetenzen tragen ihren Teil zur Leistungsbeurteilung bei.

Doch wie lässt sich dieser Anspruch überhaupt durchsetzen? Traditionelle Klassenarbeiten sind wohl momentan noch nicht vollständig wegzudenken, trotzdem bieten sich einige Möglichkeiten, auch in traditionellen Schulen reformorientiert zu arbeiten. Die zwei wichtigsten möchten wir an dieser Stelle vorstellen.

Die Präsentation

Schon seit vielen Jahren ist die Präsentation auf dem Vormarsch. Sie bieten den Schülern die Möglichkeit, sich über einen längeren Zeitraum intensiv mit einem (selbst gewählten) Thema zu beschäftigen. Die Präsentation lässt sich in folgende Phasen einteilen. Alle Phasen können in die Bewertung mit einbezogen werden.

1. **Themenwahl und Clustering:** Die Schüler wählen das Thema entweder frei oder entscheiden sich für eines von mehreren vorgegebenen Themen. Die Arbeit kann alleine oder in der Kleingruppe erfolgen. Anschließend sollte ein Cluster bzw. eine Mindmap erstellt werden, um das Thema zu strukturieren.

2. **Erstellung eines Arbeitsplanes:** Die Schüler erstellen einen Arbeitsplan, welcher in höheren Klassen auch mit terminlichen Fristen (Wann soll welcher Schritt erledigt sein?) verbunden sein kann. Dieser Arbeitsplan reicht von der ersten Materialbeschaffung bis hin zur Präsentation vor Publikum.

3. **Informationsbeschaffung:** Dieser Punkt bezieht sich auf die Beschaffung von Informationen aus dem Internet, Bibliotheken und Zeitschriften. Anschließend werden brauchbare Informationen von unbrauchbaren sondiert.

4. **Erstellung der Präsentation:** Die Schüler erstellen mit den relevanten Informationen eine Präsentation. Dies kann in Form eines Plakates, einer PowerPoint®-Präsentation, einer Stellwand, einem kleinen Museumsgang oder Ähnlichem erfolgen. Der Fantasie sind hier kaum Grenzen gesetzt.

5. **Vorbereitung des Vortrages:** Die Schüler planen ihren Publikumsvortrag und üben ihn. Auch nonverbale Kommunikation (Körpersprache) kann hier ggf. schon thematisiert werden.

6. **Durchführung der Präsentation:** Die Schüler führen ihre Präsentation vor Publikum durch. Das Publikum – in der Regel die Klasse – kann Feedback zum Vortrag geben. Dies sollte nach den gängigen Feedback-Regeln erfolgen.

7. **Reflexionsphase:** Die Schüler reflektieren ihren gesamten Arbeitsprozess.

Das Portfolio
Der Begriff Portfolio sorgt oft im Studium schon für große Verwirrung. Denn die Definitionen weisen oft große Unterschiede auf. Dieser Spielraum sollte dich aber nicht verunsichern. Gerade die begriffliche Flexibilität bietet die Möglichkeit, an dieser Stelle sehr schülerorientiert zu arbeiten. Grundsätzlich ist ein Portfolio eine Sammlung von Arbeitsergebnissen. Die Schüler sollen in einem Portfolio ihren Lernprozess anhand eigens ausgewählter Ergebnisse dokumentieren. Sehr gut kann dieses Prinzip im Bereich der Bildenden Kunst eingesetzt werden. Im Portfolio werden all die Arbeiten abgeheftet, die nach Ansicht der Lernenden deren Lernprozess von den ersten Versuchen bis hin zum aktuellsten Arbeitsprodukt am besten darstellen. Natürlich ist es wichtig, den Schülern eine gewisse Vorstellung zu vermitteln. Auch hier ist Transparenz bedeutsam. Beantworte den Schülern vor der eigentlichen Arbeitsphase folgende Fragen: Wie könnte ein Portfolio gestaltet sein und nach welchen Kriterien wirst du es bewerten?

Die Ziffernnote – wie kann man ihre Bedeutung weiter differenzieren?
Die Ziffernnote wird heutzutage oft verpönt und doch bedient man sich ihrer. Ein Problem haben wir ganz zu Beginn dieses Kapitels bereits genannt: Individuelle Leistungssteigerung kann mit ihr oft nicht ausreichend honoriert werden. Auch die häufig mangelhafte Güte von Klassenarbeiten mache laut Kritikern die daraus resultierende Note quasi unbrauchbar. Das größte Problem der Ziffernnote ist jedoch die mangelnde Aussagekraft über die tatsächlichen Kompetenzen eines Schülers. Nichtsdestotrotz ist die Ziffernnote derzeit das vorrangige Instrument der Selektion und Selektion ist eine der gesellschaftlich erwarteten Grundfunktionen unseres Schulsystems. Im Rahmen der derzeit gültigen Regelungen erscheint es am sinn-vollsten, die momentan noch allgegenwärtige Ziffernnote so differenziert wie möglich

zu erstellen und immer mit einer schriftlichen und förderorientierten Rückmeldung an die Schüler zu versehen. So wird man einerseits den aktuellen gesellschaftlichen und ökonomischen Ansprüchen gerecht und kann andererseits der Individualität der Schüler Rechnung zollen. Doch der Weg weg von der Ziffernnote ist bereits beschritten: Auch erste Unternehmen interessieren sich nicht mehr vorrangig für Ziffernnoten, sondern für aussagekräftigere Verbalbeurteilungen.

3.9 Umgang mit Schülern – Nähe vs. Distanz

Folgt man der aktuellen pädagogischen Richtung, die sinnvollerweise sehr forder- und förderorientiert ist, drängt sich einem schnell das Bild auf, dass eine Distanz zwischen Lehrer und Schüler in einer Zeit, in der die Lehrperson immer mehr zum Lernbegleiter wird, unzeitgemäß sei. Doch diese Idealisierung von Nähe kann keine pauschale Geltung haben und sollte differenziert betrachtet werden. In diesem Kapitel wollen wir den Begriff der Schülernähe aus verschiedenen Blickwinkeln beleuchten und Felder sowie Situationen aufzeichnen, in denen Distanz zu den Schülern wichtig ist.

Nähe – ein zentrales Moment des schülerorientierten Unterrichts
Keine Frage: Ein Lehrer, der seinen Unterricht an der Lebenswelt der Schüler orientiert und sich auf jeden Schüler individuell einlässt, ihn auf der einen Seite unterstützt und auf der anderen fordert, ist mehr als wünschenswert. Auch du als Referendar bist gefragt, wenn es um individuelle Entscheidungen und Probleme einzelner Schüler geht. Der Einzelfall steht im Mittelpunkt und fordert von dir viel Einfühlungsvermögen sowie Entscheidungskompetenz. Auch im unterrichtlichen Feld ist Nähe eine zentrale Komponente. Dein Unterricht sollte am Erfahrungshorizont und der Lernausgangslage der Schüler orientiert sein. Das Anknüpfen an die Schülerinteressen und die Verankerung des Lerngegenstandes in deren Lebenswelt trägt zudem der Motivation in beträchtlichem Maße bei und setzt eine gewisse Nähe zwischen Lehrkraft und Schüler voraus.

Die richtige Balance zwischen Nähe und Distanz finden
Gerade wenn es um einzuhaltende Grenzen geht, ist Distanz zwischen Schülern und Lehrern eine wichtige Eigenschaft, die nicht unterschätzt werden darf. Hört man sich unter Schülern um oder denkt an die eigene Schulzeit zurück, blieben „strenge, aber

gerechte" Lehrer oftmals am positivsten im Gedächtnis. Dass Strenge nicht mit Autorität gleichzusetzen ist, haben wir bereits angesprochen. Strenge scheint heute auf den ersten Blick keine Rolle mehr bei der pädagogisch korrekten Definition eines Lehrers zu spielen, zu sehr haftet die Erinnerung an völlig indiskutable Disziplinierung durch zweifelhafte Praktiken in der Vergangenheit am Begriff der „Strenge". Es erscheint uns deshalb wichtig, den Begriff der Strenge wieder neu zu konnotieren, um ihn neutral im pädagogischen Vokabular aufzunehmen. Ein strenger Lehrer ist nicht ungerecht oder willkürlich. Ein strenger Lehrer führt seine Klasse autoritativ, weiß um die Lebenswelt und Individualität seiner Schüler, grenzt sich dennoch situationsadäquat von ihnen ab und führt seine Klasse höchst konsequent. Strenge beinhaltet nach unserem Verständnis also: Fairness, Individualisierung, Konsequenz und Wertschätzung.

Strenge als Entwicklungschance – Offen mit Misserfolgen umgehen
Wie bereits angesprochen ist die Schulpädagogik heute sehr schülerorientiert. Dies ist unbestritten ein guter Weg. Dennoch wirst du im Alltag oft mit extremen Anforderungen und Einstellungen konfrontiert werden. Dies mag wohl vor allem am notwendigen Paradigmenwechsel weg von der „Angstschule" hin zum „individuellen und angstfreien" Lernen liegen. Im Rahmen dieses aktuellen Verständnisses von Schule und eines neu definierten Strengebegriffes, kann Strenge im Erziehungsprozess sogar enorme Entwicklungschancen bieten.

Selbstverständlich ist es wichtig, den Schülern Erfolgserlebnisse zu vermitteln, um langfristige Motivation und Selbstvertrauen aufzubauen. Dennoch ist es eine – oft sogar an Lehrerseminaren und Universitäten – unterschätzte Aufgabe, den Schülern auch den produktiven Umgang mit Misserfolg zu vermitteln und die Entwicklung eines realistischen Selbstbildes zu fördern. Es ist somit eine psychologische Entwicklungsaufgabe des Kindes, eigene Stärken und Schwächen zu erkennen und daraus ein stabiles Selbstbild zu entwickeln. Schüler müssen lernen, mit Misserfolgen umgehen zu können, ohne in eine Selbstkrise zu verfallen.

Folgende Konsequenzen ergeben sich daraus für die unterrichtliche Ebene:

- Schüler brauchen ehrliche Rückmeldungen über Arbeitsergebnisse, auch wenn diese nicht gelungen sind und ggf. wiederholt werden müssen.

- Schüler müssen Konsequenzen für unangemessenes Verhalten erfahren.

- Schüler müssen lernen, gegenüber Erwachsenen und Mitschülern gewisse, im Vorfeld vereinbarte, Verhaltensregeln einzuhalten.

- Schüler müssen lernen, dass es wichtig ist, Dinge zu erledigen, auch wenn man im Moment keine Lust dazu hat.

3.10 Klassenzimmergestaltung und Sitzordnung

Im Zuge der gewachsenen Anforderungen an die Institution Schule strukturieren viele Standorte ihre schulischen Einrichtungen in Ganztagsschulen um. Dies hat mehrere Gründe: Zum einen möchte man den veränderten beruflichen Umständen vieler Eltern mit gezielten Betreuungsangeboten entgegenkommen, zum anderen bieten Ganztagesschulen den Schülern die optimale Passung an ihre Lernvoraussetzungen, Fördermöglichkeiten und die Chance, Schule als Lebensraum zu erleben.
Die Schule als Lebensraum ist schon seit mehreren Jahrzehnten immer wieder Thema aufkommender didaktischer Veröffentlichungen.
Vor allem im Primarbereich, aber auch bis weit in den Sekundarbereich hinein, geht man inzwischen dazu über, das Klassenzimmer möglichst ansprechend zu gestalten. Das bezieht sich sowohl auf die ästhetische Ebene, als auch auf verschiedene Lernangebote.

Konstruktiver Einsatz oft gern gesehen
Du als Referendar musst dich zunächst natürlich den Gewohnheiten und Vorlieben deiner Mentoren unterordnen. Nichtsdestotrotz blickst du – frisch studiert und ganz nah am pädagogischen Zeitgeist – mit anderen Augen auf vollgestopfte Klassenzimmer, die man lieber zurück in die 80er-Jahre verfrachten würde. Generell solltest du dieses Thema aber sensibel angehen. Lehrer sind Jäger und Sammler und oft verliert man über die Jahrzehnte den gewissen Weitblick, was Klassenzimmergestaltung angeht. Sprich deinen Mentor also am besten in einem ruhigen Moment an und biete deinen konstruktiven Einsatz an. Vielleicht kannst du gemeinsam mit deinen Schülern eine Forscherecke, eine Leseecke oder Ähnliches gestalten. Du kannst dir sicher sein: Deine Schüler werden mit Eifer dabei sein und auch dein Mentor wird nach vollende-

ter Arbeit die Veränderung im Klassenzimmer zu schätzen wissen. Wichtiger Grundsatz: Dein Klassenzimmer ist deine Visitenkarte!

Kommst du in ein Klassenzimmer, das „gut in Schuss" ist, kannst du dieses Kapitel überspringen. Für alle anderen Fälle haben wir hier ein paar kleine Tipps aufgelistet, welche das Klassenzimmer gleich in neuem Glanz erstrahlen lassen.

Die Leseecke

Eine Leseecke bietet den Schülern die Gelegenheit, in entspannter Atmosphäre zu lesen und nach Herzenslust zu schmökern. Eine tolle Chance, die Lesesozialisation zu fördern. Doch gerade bei Romanen und Bilderbüchern ist auch die Leseatmosphäre wichtig. Im Primarbereich wird gerne mit kleinen Teppichen, Kissen und Würfelregalen gearbeitet. Diese bieten eine weiche Sitzfläche und die Regale dienen sowohl der Abgrenzung zum restlichen Klassenzimmer, als auch der Aufbewahrung von Büchern. Im Sekundarbereich kann ein kleines Sofas oder eine Arbeitsecke mit Tisch und Stühlen zum Einsatz kommen. So kann die Leseecke durchaus auch zur Vorbereitung auf Referate oder der sachkundlichen Recherche dienen. Eine ausgewogene Mischung aus Sachliteratur und Romanen bzw. Bilderbüchern empfiehlt sich deshalb.

Dienstplan

Ja, auch Lehrer dürfen Arbeit delegieren. Das entlastet und überträgt Verantwortung an die Schüler. Ein Dienstplan, der Dinge wie Tafelputzen, Pflanzengießen, Kehren und viele weitere Kleinigkeiten regelt, sollte zentral im Klassenzimmer angebracht sein. Wäscheklammern mit den Namen der Schüler am entsprechenden Schild schaffen Transparenz und Übersichtlichkeit.

Pflanzen im Klassenzimmer

Etwas Grün kann oft Wunder wirken. Bei der Pflanzenwahl sollte darauf geachtet werden, dass die Pflanze relativ pflegeleicht und ungiftig ist. Kleine Dattelpalmen bieten sich oft zur Verschönerung des Fenstersimses an. Auch hier lernen die Schüler frühzeitig, Verantwortung für die Natur zu übernehmen.

Geburtstagskalender

So vergisst auch du keine Geburtstage deiner Schüler mehr. Der Kalender kann mit Foto verziert und von den Schülern gestaltet werden.

Weltkarte

Eine Weltkarte – oder gar eine geografisch eingerichtete Ecke – macht sich in jedem Klassenzimmer gut und stößt bei Schülern generell auf großes Interesse. Für die Primarstufe gibt es speziell angefertigte Kinder- und Jugendweltkarten, die laminiert für rund 15 Euro erhältlich sind und mit Cartoons aufgepeppt sehr ansprechend wirken. Ein Globus, einige Atlanten und etwas Sachliteratur, Quizspiele rund um unsere Erde und viele weitere Kleinigkeiten können ein ödes Klassenzimmer schnell in eine „Weltenbummlerzentrale" verwandeln.

Getränkeecke

Viele Klassenlehrer haben mit den Eltern die Vereinbarung getroffen, aus dem finanziellen Polster der Klassenkasse Mineralwasser und in höheren Klassen auch Tee zu organisieren. In einem Getränkeeck können sich die Schüler mit beschrifteten Tassen in den Pausenzeiten erfrischen. In der Primarstufe sollte ein Wasserkocher nie unbeaufsichtigt zugänglich sein!

Fensterschmuck

Saisonaler Fensterschmuck ist in der Grundschule beliebt und sorgt für ein heimeliges Gefühl.

Ausstellungsfläche an den Wänden

Platz für Schülerplakate und Produkte aus dem Kunstunterricht sollte freigehalten werden, um den Schülern die nötige Wertschätzung für ihre Arbeit entgegenzubringen.

Sitzordnung ist nicht gleich Sitzordnung

Aus der eigenen Schulzeit dürfte dir vor allem noch die klassische Sitzordnung in drei bis vier hintereinander aufgestellten Tischreihen im Gedächtnis sein. Diese Sitzordnung hat natürlich weiterhin ihre Berechtigung, jedoch gesellen sich auch Alternativen an ihre Seite. Welche Sitzordnung am besten zur jeweiligen Klasse passt, sollte man selbst ausprobieren. Es empfiehlt sich durchaus, hier etwas zu experimentieren und den geschützten Rahmen des betreuten Unterrichts zu nutzen, um Erfahrungen zu sammeln.

Die klassische Variante stellt wie bereits angesprochen die Aufreihung der Tische mit frontaler Ausrichtung auf die Tafel. Diese Aufstellung ist sehr lehrerzentriert und auf

Frontalunterricht ausgelegt. Die Vorteile liegen darin, dass die Lehrperson die ganze Klasse im Blick hat und störende Nebengespräche erschwert werden. Für kooperative und offene Unterrichtsformen ist diese Sitzordnung allerdings ungeeignet, da die Kommunikation und Flexibilität deutlich erschwert werden.

Sehr beliebt ist die Arbeit mit Gruppentischen von zwei bis drei Tischen. Insbesondere dann, wenn es gilt, soziale Beziehungen innerhalb der Klassengemeinschaft weiterzu-entwickeln, bietet sich diese Sitzordnung an. Kooperatives Lernen wird durch die kommunikative Ausrichtung erleichtert, störende Nebengespräche allerdings auch.

Die U-Form erinnert an eine Konferenz und bietet durch ihren U-förmigen Aufbau in der Mitte meist einen Leerraum, der aktiv genutzt werden kann (Stuhlkreis etc.).

Schulen, die mit modernen Konzepten des Offenen Unterrichts arbeiten, platzieren oft ihre Pulte nicht mehr frontal vor der Tafel, um den räumlichen Mittelpunkt vom Lehrer auf die Schüler zu verlagern. Nach wie vor ist aber auch die traditionelle Platzierung des Lehrerpultes entweder frontal an der Tafel oder an der seitlichen Fensterfront sehr beliebt und in vielen Schulen vorherrschend.

Auch hier gilt ebenso wie bei der Klassenzimmergestaltung: Dein Mentor hat mit Sicherheit Gründe für seine Entscheidung bezüglich des Raumkonzeptes. Solltest du trotzdem Verbesserungsvorschläge haben, kannst du diese konstruktiv einbringen. Sei dabei aber stets respektvoll im Umgang mit den Gewohnheiten deines Mentors.

4 Die Arbeit zu Hause

4.1 Den Arbeitsplatz gestalten

Dass die Arbeitszeit des Lehrers keinesfalls vorbei ist, sobald die Klingel das Unterrichtsende einleitet, dürfte dir mittlerweile bewusst sein. Ein großer Teil der Arbeit, sei es die Vor- und Nachbereitung des Unterrichts, Korrekturen oder die Planung von Lerngängen, findet zumeist nicht im Schulgebäude, sondern zu Hause im eigenen Arbeitszimmer statt.
Um dort möglichst effektiv arbeiten zu können, ist es notwendig, im Vorfeld einige Vorbereitungen zu treffen. Diese können dir organisatorische Tätigkeiten und damit auch einen großen Teil deiner Arbeit deutlich erleichtern.

Arbeitsfläche effektiv nutzen
Ein Schreibtisch als Arbeitsgrundlage ist das A und O und unverzichtbar für den Beruf des Lehrers. Bei der Gestaltung des Tisches solltest du darauf achten, dass stets eine freie Arbeitsfläche verfügbar ist. So ersparst du dir unnötige sowie demotivierende Aufräumarbeiten vor den eigentlichen Arbeitsphasen.
Was die Büroutensilien anbelangt, solltest du stets darauf achten, dass öfter gebrauchte Materialien bzw. Gegenstände (Locher, Klebefilm etc.) nahe der Arbeitsfläche und gut erreichbar aufbewahrt werden. Dies erleichtert und beschleunigt regelmäßig vollzogene Arbeitsschritte. Unter deinem Schreibtisch ist ein Papierkorb unvermeidlich, denn während deiner Laufbahn wirst du, ob gewollt oder nicht, eine große Menge an Papiermüll produzieren.

Einrichten von Ablagefächern
Auf deinem Schreibtisch solltest du eine Ecke mit Ablagefächern einrichten, wobei es sich in der Praxis bewährt hat, mit drei verschiedenen Ablagefächern zu arbeiten. Die Aufschriften der Ablagefächer könnten zum Beispiel folgendermaßen lauten:
1. „Zu erledigen", 2. „Weitergeben" und 3. „Erledigt". Anhand dieser Anordnung erhältst du relativ schnell einen Überblick über noch ausstehende sowie bereits erledigte Tätigkeiten, welche entweder an eine andere Person weitergegeben oder von dir in andere Ordner einsortiert werden können. Lege im Vorfeld am besten einen Tag in der Woche fest, an dem du dich um das Erledigen der Arbeit in den Ablagefächern sowie der anschließenden Sortierung bzw. Entsorgung kümmerst. Auf diese Weise vermeidest du, dass sich im Laufe von mehreren Wochen ein nahezu nicht zu bändigender Blätterstapel in den Fächern ansammelt.

Ordnersysteme anlegen

Für die Unterrichtsmaterialien hat es sich bewährt, Ordnersysteme nach Klasse und Fach sortiert anzulegen (z. B. „Englisch Klasse 5") und in einem gut zugänglichen Regal aufzubewahren. In den Ordnern selbst kannst du deine Materialien nach Unterrichtseinheiten bzw. Themen arrangieren, um bei Bedarf möglichst schnell zurückgreifen zu können. Auch Klassenarbeiten und Kurztests sowie Stoffverteilungspläne können in gesonderten Einheiten innerhalb dieser Ordner verwahrt werden. Bei disziplinierter Führung dieser Ordnersysteme behältst du stets den Überblick und kannst neu gewonnene Materialien schnell und einfach einsortieren. Zwar ist der einmalige Zeitaufwand für die Einrichtung der Systeme etwas höher, jedoch lohnt es sich auf lange Sicht betrachtet ungemein. Um sicherzustellen, dass bedruckte Blätter im Laufe der Jahre nicht ausbleichen und schwer lesbar werden, kannst du bei Bedarf auf Klarsichtfolien zurückgreifen.

Der schulische Schreibtisch

Ähnlich wie der Arbeitsplatz zu Hause bietet es sich natürlich an, auch den eigenen Schreibtisch in der Schule (falls vorhanden) nach den beschriebenen Tipps zu gestalten. Denn zu Hause wie in der Schule gilt stets der Grundsatz: Ordnung ist das halbe (Lehrer-)Leben.

4.2 Die Unterrichtsvorbereitung

Die Vorbereitung ist eine deiner Hauptaufgaben sowie Dreh- und Angelpunkt deines Unterrichts. Während des Referendariats nimmt die Unterrichtsvorbereitung auch in Bezug auf die Lehrprobe / Prüfungsstunde einen besonderen Stellenwert ein.

Gute Planung ist die halbe Miete

Schüler benötigen Strukturen, um sich im Unterricht entfalten zu können. Du kannst diese Strukturen unter anderem durch einen gut durchdachten Unterricht schaffen. Ein reibungsloser Unterricht lässt wenig Raum für Störungen. Denke auch daran, dass Schüler meist am besten lernen, wenn der Unterricht motivierend ist: Versuche deshalb immer, deinen Unterricht an der Lebenswelt der Schüler zu orientieren. Folgende Fragen können dir dabei helfen: Warum ist der Lerngegenstand für meine

Schüler wichtig? Wo spiegelt sich die Thematik im Leben der Schüler wieder? Wie schlage ich die Brücke vom Unterricht hin zum Leben der Schüler?

Sich selbst seines Vorhabens sicher sein

Der erste Schritt auf dem Weg zur Unterrichtsstunde ist oft der schwierigste: Was genau möchte ich in dieser einen Sequenz vermitteln? Diese Frage bereitet vielen Referendaren täglich Kopfzerbrechen und ist durchaus berechtigt. Du solltest die Frage nach dem „was" auf jeden Fall vollständig klären, bevor du mit dem „wie" und damit der eigentlichen Umsetzung deiner Stunde beginnst. Orientiere dich dabei auf jeden Fall an den Standards des Bildungs- bzw. Lehrplanes deines Bundeslandes. Nur wenn du dir selbst darüber im Klaren bist, was den Schülern vermittelt werden soll, kannst du sinnvoll planen, welche Methoden sich hierfür eignen.

Didaktische Reduktion

Viele Unterrichtsinhalte sind sehr komplex und vor allem in unteren Klassen nicht in ihrer Gänze vermittelbar. Oft schafft auch die curriculare Ausrichtung der Fächer und Fächerverbünde selbst die Notwendigkeit, Inhalte auf wesentliche und altersangemessene Punkte zu reduzieren. Vor allem als Anfänger kann es schwierig sein, hier das richtige Maß zu finden. Scheue deshalb nicht den Gang zu deinem Mentor: Er kennt seine Schüler und deren kognitives Niveau.

Der Unterrichtseinstieg

Er birgt die große Chance, die Schüler für den Lerninhalt zu interessieren und somit für den Verlauf der Sequenz zu „gewinnen". Oft kann ein Unterrichtseinstieg also bereits über den Erfolg oder das Scheitern einer Stunde entscheiden. Überlege deshalb ganz genau, wie du die Schüler für den Unterricht begeistern möchtest.
Einige Möglichkeiten für Unterrichtseinstiege sind:

- stummer Bildimpuls
- Rätsel
- Gesprächsanlass
- Anschauungsgegenstand
- kurze Filmsequenz
- durch den Lehrer vorgelesener Text
- aktuelle Zeitungsartikel
- Forscherfrage

Themenfelderöffnung

Vor allem bei neuen Themen ist es wichtig, das Vorwissen und die Vermutungen der Schüler aufzunehmen. Eine Themenfelderöffnung kann mit einer Mindmap an der Tafel oder noch besser mit einem gemeinsam gestalteten Plakat erfolgen. Die Schüler notieren unter Gesichtspunkten wie „Das weiß ich schon" und „Das möchte ich erfahren" stichwortartig ihre Ideen. Dies hat zum einen den Vorteil, dass die Lernenden sich gedanklich in die Thematik hineinfinden und zum anderen bieten dir die Schüleräußerungen gute Anknüpfungspunkte für den weiteren Unterrichtsverlauf. Beachte aber, dass eine Themenfelderöffnung, je nach Ausführlichkeit, gut und gerne einmal zwanzig Minuten einnehmen kann und deshalb nicht in jeder Unterrichtssequenz benötigt wird.

Die Erarbeitungsphase – Kernstück des Unterrichts

Sie ist der Mittelpunkt deines Unterrichts und fordert dein gesamtes didaktisch-methodisches Know-how. Die Erarbeitungsphase ist jener Zeitpunkt, in der die Schüler in Einzel-, Gruppen-, oder Partnerarbeit arbeiten. Grundsätzlich solltest du dir bei jeder Aufgabe die Frage stellen, inwiefern sie die von dir erwünschte Kompetenzen anbahnt. Anbei haben wir eine kleine Checkliste für Erarbeitungsphasen zusammengestellt.

Nicht jeder Lerngegenstand eignet sich für Partner- oder Gruppenarbeit

Wäge gut ab, welchen Stellenwert soziale und personale Kompetenzen in der geplanten Sequenz einnehmen.

Denke an Differenzierung

Vor allem methodische Formen wie die Stationsarbeit bieten gut umsetzbare Möglichkeiten, allen Schülern durch qualitative und quantitative Differenzierung gerecht zu werden. Arbeite mit verschiedenen Niveaustufen und Zusatzangeboten für schnelle Schüler.

Handlungsorientierter Unterricht ist nachhaltiger

Versuche, handlungsorientierte Elemente in deinen Unterricht einzubauen. Konfrontiere die Schüler mit allem, was die Sinne anspricht: Gegenstände, Geräusche, Gerüche, Geschmäcker und Experimente.

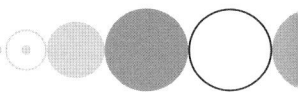

Gestalte deine Arbeitsblätter ansprechend

Nichts ist langweiliger als ein lieblos gestaltetes Arbeitsblatt. Lass den Designer in dir raus! Natürlich sollte das Layout förderlich für den Inhalt sein und nicht davon ablenken.

Variation der Aufgaben

Variiere deine Aufgabentypen und schaffe dadurch immer neue Herausforderungen für deine Schüler.

Biete Selbstkontrollmöglichkeiten

Vor allem in höheren Klassen sollte bei offenen Lernarrangements die Möglichkeit der Selbstkontrolle angeboten werden. Dieses Vorgehen überträgt den Schülern viel Verantwortung.

Ein Laufzettel bietet Orientierung

Bei Stationenarbeiten, Lernzirkeln und anderen geöffneten Arrangements solltest du an einen Laufzettel denken. Bearbeitete Stationen können durch Schüler oder Lehrkraft abgehakt werden.

Zusammenführung und Abschluss

Nur eine in sich runde Stunde ist eine gute Stunde. Versuche daher, stets zum Abschluss eine Verknüpfung zum Stundeneinstieg zu arrangieren. Greife eine eingangs aufgekommene Problemstellung auf oder lasse die Schüler ihre eigenen Vermutungen überprüfen. Wichtig ist dabei, das Erarbeitete noch einmal kurz zu verbalisieren. In künstlerisch ausgerichteten Unterrichtsstunden sollte den Schülern stets die Möglichkeit geboten werden, ihre Produkte zu präsentieren. Eine Präsentation von Schreib- oder Kunsterzeugnissen ist auch dann sinnvoll, wenn die Herstellung noch nicht vollendet ist und ein Zwischenschritt präsentiert wird. Wichtig ist stets die Würdigung von Schülererzeugnissen.

Es geht immer noch etwas besser – Grenzen setzen!

Im Zeitalter der medialen Überreizung ist es zwar einerseits wichtig, die Schüler durch vielfältiges und ansprechendes Material für den Unterricht zu begeistern. Andererseits solltest du dir aber auch Grenzen setzen. Den perfekten Unterricht kann es nicht geben, zu viele Faktoren spielen in den Erfolg deiner Stunde mit hinein – dabei ist die

Vorbereitung zwar ein entscheidender, aber nicht der einzige Faktor. Natürlich kann vor allem die Vorbereitung auf eine Lehrprobe / Prüfungsstunde oder einen Unterrichtsbesuch sehr viel Zeit verschlingen. Diese Stunden spiegeln jedoch nicht immer den Unterrichtsalltag wider. Setze dir deshalb auf jeden Fall eine zeitliche Grenze für deine alltägliche Unterrichtsvorbereitung: 30 Minuten Vorbereitung für eine Schulstunde sollten im Schnitt genügen – nur so kannst du später knapp 30 zu haltende Schulstunden auch tatsächlich vorbereiten. Gebe dich ab einem gewissen Punkt mit deiner Planung zufrieden, im Wissen um die Tatsache, dass es immer noch viele didaktische und methodische Alternativen gibt.

Ressourcen schonen – mit gutem Beispiel vorangehen
Umweltschutz und der nachhaltige Umgang mit Ressourcen finden in vielen Themen Niederschlag. Gehe deshalb mit gutem Beispiel voran und überlege, welches Material mehrmals verwendet werden kann. Gerade Legespiele, Bilder und Arbeitskarten können laminiert und somit haltbar gemacht werden. Viele Lehrer scheinen aber einer regelrechten „Laminiersucht" verfallen und laminieren alles, was ihnen zwischen die Finger kommt. Dabei sollte man stets bedenken: Wenn laminiertes sofort im Müll landet oder nie mehr benutzt wird, ist dies aktive Umweltverschmutzung und keine Nachhaltigkeit.
Auch Papier sollte stets beidseitig genutzt werden. Die meisten Kopierer arbeiten heutzutage auch bereits mit der Option der beidseitigen Kopie. Dein Hausmeister oder andere Kollegen können dir hier mit Sicherheit weiterhelfen.
Farbkopien sind zwar schön anzusehen, auf Dauer aber einfach zu teuer. Schulen arbeiten meist mit Schwarz-Weiß-Kopierern, was im Rückschluss bedeutet, dass du die farbigen Ausdrucke zu Hause anfertigen müsstest. Später laminierte Ausdrucke können farbig gestaltet sein, einmalig zu verwendende Arbeitsblätter genügen als Schwarz-Weiß-Kopie.

Das Schulbuch – oft verpönt, doch warum eigentlich?
Seit Jahrzehnten nehmen Schulbücher eine zentrale Rolle bei der Gestaltung von Unterricht ein. Gerade in den letzten Jahren gerät das Schulbuch aber immer mehr in Verruf. Es wird der Vorwurf laut, das Schulbuch sei zu starr und könne daher nicht der Heterogenität der Klasse gerecht werden. Auf alte Werke mag dies zutreffen. Dennoch bietet ein Schulbuch eine breite Palette an Einsatzmöglichkeiten und ist dabei auch noch umweltfreundlich!

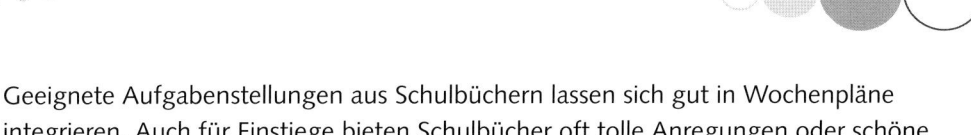

Geeignete Aufgabenstellungen aus Schulbüchern lassen sich gut in Wochenpläne integrieren. Auch für Einstiege bieten Schulbücher oft tolle Anregungen oder schöne Bilder, die ein erneutes Ausdrucken nichtig werden lassen. Und wenn du während der Vorbereitung einmal auf dem Schlauch stehen solltest: Schulbücher können gute Impulse für Ideen liefern!

Viele Verlage orientieren sich übrigens schon an den Anforderungen der neuen Lernkultur und integrieren Differenzierung als festen Bestandteil in die Schulbuchgestaltung.

Während im alltäglichen Unterricht das Schulbuch oft eine sinnvolle Ergänzung darstellt, ist es in der Prüfung weniger angebracht, denn hier möchte man allein dein didaktisch-methodisches Können und Wissen bewerten.

Achtung Urheberrecht!

Viele Lehrer begeben sich am Morgen postwendend in den Materialienraum, zücken ein Lehrbuch und fertigen klassensatzweise Kopien an. Das ist in gewissem Umfang auch in Ordnung. Allerdings solltest du dich bezüglich aktueller rechtlicher Regelungen informieren: Meist ist das Kopieren eines ganzen Buches nicht gestattet. Generell kann daher als Faustregel gelten: Höchstens 10% eines Werkes und dabei maximal zwanzig Seiten eines Buches dürfen für den Unterricht kopiert und digital gespeichert werden.

Auch bei Bildmaterial ist saubere Quellenarbeit wichtig: Beim Verwenden von Bildern und Fotos aus dem Internet sollte deshalb stets die Bezugsquelle mit angegeben werden.

Die Unterrichtsskizze

Das sorgfältige Ausfüllen einer Unterrichtsskizze gibt dir Sicherheit und eventuellen Hospitanten oder Prüfern einen kompakten Überblick über dein Vorhaben. Im Gegensatz zum ausführlichen Unterrichtsentwurf, sind hier die methodischen Überlegungen äußerst kurz gehalten. Eine Vorlage für Unterrichtsskizzen findest du im Anhang dieses Buches. Gehe beim Ausfüllen wie folgt vor:

– Daten eintragen:

Trage alle erforderlichen Daten wie deinen Namen, die Klasse und das Datum ein. Dies erleichtert später eine Zuordnung zur gehaltenen Unterrichtsstunde.

– Thema der Unterrichtsstunde:
Fasse das Thema der Unterrichtsstunde so kurz und konkret wie möglich (z. B.
„Werkzeuge der Steinzeit").

– Einbettung der Unterrichtsstunde in das Oberthema:
Wo ist die Sequenz in Bezug auf das Gesamtthema zu verorten? Eröffnet die Stunde
das Thema, befindet sie sich mitten in der Thematik, schließt sie ein Thema ab?

– Im Unterricht angestrebte Ziele:
Je nach Ausbilder und Seminarstandort wird hier Unterschiedliches verlangt (z. B.
Gesamt- und Teilziele, Grob- und Feinziele oder eine Aufschlüsselung in fachliche,
soziale und personale Ziele). Wichtig ist jedoch in jedem Fall, sich bei der Definition
der Ziele auf einige wenige zu beschränken. Besonders zu beachten ist dabei die
Tatsache, dass alle Schüler die Ziele auch wirklich innerhalb der Schulstunde erreichen
und dass die Ziele so operationalisiert sind, dass sie auch tatsächlich überprüfbar
werden. (z. B. „Die Schüler können Afrika auf einer Weltkarte verorten. Die Schüler
zeichnen einen steinzeitlichen Faustkeil ab und kennen mindestens eine Möglichkeit
seiner Verwendung").

– Im Unterricht angebahnte Kompetenzen:
Zitiere hier drei bis vier angebahnte Kompetenzen aus dem Lehr- oder Bildungsplan
deines Bundeslandes. Diese Kompetenzen können sozialer, personaler, methodischer
oder fachlicher Natur sein.

– Zeit / Phase:
Diese Spalte dient der zeitlichen Einteilung deiner Unterrichtsstunde. Sinnvoll ist es,
mit ungefähren Angaben anstatt konkreten Uhrzeiten zu arbeiten und sich einen
zusätzlichen Puffer für unvorhergesehene Ereignisse einzuplanen. Die Einteilung der
Phasen sollte je nach Bedarf beispielsweise in Einstieg, Themenfelderöffnung, Erarbei-
tung, Zusammenführung und Stundenende erfolgen.

– Lehrer- und Schülertätigkeit:
Hier soll die Interaktion zwischen Lehrer und Schüler dokumentiert werden.

– Sozialform:
Auch sie ist Teil deiner methodischen Planung. In dieser Spalte steht, welche Sozialform du für diese Phase deines Unterrichts gewählt hast. Typische Sozialformen sind
das Plenum, der Stuhlkreis, Einzelarbeit sowie die Partner- und Gruppenarbeit.

– Medien:
Welche Medien und Materialien verwendest du? Ist der Tageslichtprojektor, das
Whiteboard oder die Tafel im Einsatz? Arbeitest du mit Forscherheften oder Arbeits-
blättern? Hier ist der richtige Platz, um es zu vermerken.

– Didaktisch-methodische Hinweise:
Begründe stichwortartig dein Vorgehen. Fasse dich dabei sehr kurz. Vor allem bei
Unterrichtsbesuchen und Lehrproben / Prüfungsstunden wird meist ein ausführlicher
Unterrichtsentwurf verlangt, welcher dir ausreichend Platz bietet, die Wahl deines
didaktisch-methodischen Vorgehens zu begründen.

4.3 Die Unterrichtsnachbereitung

Nach dem Unterricht ist bekanntlich vor dem Unterricht. Oft wird die Nachbereitung
von Unterricht unter den Tisch gekehrt. Dabei kann dir eine gute Unterrichtsnachbe-
reitung für die Zukunft sehr von Vorteil sein.

Unterricht reflektieren
Wie kamen die Schüler mit dem Material zurecht? Gab es Schwierigkeiten bei der
Bearbeitung? Welche Aufgabenstellungen waren besonders beliebt? Reflektiere im
Anschluss an eine Unterrichtssequenz stets deinen Unterricht (eine schriftliche
Reflexion macht sich in jedem Portfolio gut!) und ziehe daraus Konsequenzen für die
Zukunft. Deine Reflexionskompetenz spielt übrigens auch im Zuge der Lehrprobe/
Prüfungsstunde eine Rolle und sollte daher früh geübt werden. Folgende Fragen
kannst du dir bei der Reflexion von Unterricht stellen:

• Wie kamen die Schüler mit dem Material zurecht?
• Wo traten Schwierigkeiten auf?
• Waren die Schüler motiviert?
• Waren die Differenzierungsangebote ausreichend und angemessen?

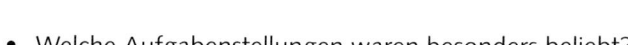

- Welche Aufgabenstellungen waren besonders beliebt?
- Wurde das Vorwissen der Schüler richtig eingeschätzt?
- Ergaben sich neue Anknüpfungspunkte an die Schülerinteressen?
- War mein Zeitmanagement effektiv?

Im Anhang findest du einen Reflexionsbogen für Unterrichtsstunden. Fülle diesen stichwortartig im Anschluss an die Stunde aus und hefte ihn in einen Ordner oder dein Portfolio ab. Das gedankliche Resümee deiner Unterrichtsstunde hilft dir dabei, dich weiterzuentwickeln.

Solltest du während der Reflexion bemerken, dass deine Stunde „daneben" ging, sei nicht frustriert, sondern versuche das Ganze produktiv anzugehen und wiederhole gegebenenfalls wichtige Inhalte in einer Folgestunde noch einmal.

Material archivieren

Wie bereits angesprochen wurde, ist es als angehender Lehrer enorm wichtig, sich schon frühzeitig ein System zur Verwaltung von Unterrichtsmaterial zu erstellen. Nachdem du im Zuge der Reflexion entschieden hast, welches Material du gerne wieder verwenden würdest, solltest du es sofort archivieren (in Ordner oder Kistenform). Das erspart viel Arbeit und schont dabei auch noch die Umwelt.

Feedback einholen

Natürlich ist es gerade für Anfänger schwierig, ihre eigenen Leistungen richtig einzuschätzen. Am Ende einzelner Sequenzen oder ganzen Themenblöcken kann deshalb auch ein Schülerfeedback stehen. Dieses Feedback kann entweder schriftlich erfolgen (ein entsprechender Feedbackbogen findet sich im Anhang als Kopiervorlage) oder im Klassenzimmer durch verbale Schüleräußerungen. Gerade die schriftliche Variante ermöglicht den Schülern aber, sich anonym zu äußern und bietet sich aus diesem Grund für ein ehrliches Feedback an.

4.4 Den Computer effektiv nutzen

Beginnen wir dieses Kapitel doch einmal mit einer kurzen geschichtlichen Anekdote: Vor zigtausenden Jahren nutzten die Menschen Hammer und Meißel, um ihr Gedankengut mühsam auf Steintafeln festzuhalten. Die Entwicklung von Papier und

Schreibutensilien stellte einen bedeutenden Fortschritt hinsichtlich der Weitergabe von Informationen dar. Mittlerweile sind wir im digitalen Zeitalter angelangt und können insbesondere ein Medium für eben genannte Zwecke nutzen: den Computer.

Erstellung von Arbeitsmaterialien

Für die Erstellung von Arbeitsmaterialien wie Arbeitsblättern etc. ist es heutzutage grundsätzlich beinahe unumgänglich, auf einen Computer zurückzugreifen. Grundlegende Kenntnisse mit gängigen Textverarbeitungsprogrammen werden als Teilkomponente des Berufsbilds Lehrer vorausgesetzt und stellen einen wichtigen Teil deiner Arbeit im Referendariat dar. Im Vorfeld der Erstellung von thematischen Arbeitsmaterialien können hierzu per Suchmaschinen Themenbereiche recherchiert und zum Beispiel illustrierende Bilder zur optischen Aufwertung heruntergeladen werden. Doch Vorsicht: Im Zeitalter des Internets hat auch das Thema Datenschutz an Bedeutung gewonnen und so solltest du stets aktuelle Datenschutzrichtlinien beachten. Füge so am besten zu jedem genutzten Bild die Quelle (also z. B. die genaue Internetadresse) sowie das Abrufdatum hinzu, um dich abzusichern.

Des Weiteren solltest du darauf achten, dass du deine Bilder von Internetseiten beziehst, welche ihre Bilder auch zur freien und kostenlosen Nutzung zur Verfügung stellen. Halte hier am besten Ausschau nach frei nutzbaren Creative-Commons-Lizenzen (CC-Lizenzen). Neben den möglichen rechtlichen Konsequenzen (Anzeige wegen Urheberrechtsverletzung) solltest du dir stets bewusst sein, dass es durchaus auch Lehrbeauftragte / Ausbilder bzw. Prüfer gibt, die auf solche Feinheiten achten. Nimm das Risiko des nicht ausgewiesenen „Bilderdiebstahls" also nicht in Kauf, sondern wähle deine Quellen mit der nötigen Sorgfalt aus und füge sämtliche Angaben auf deinen Arbeitsmaterialien hinzu.

Generell empfiehlt es sich, alle digitalen Arbeitsmaterialien ähnlich wie das Ordnersystem im Regal in digitalen Ordnern nach Fächern und Klassenstufen sortiert zu speichern. Auf diese Weise bewahrst du stets einen Überblick über vorhandene Materialien und verfügst über die Möglichkeit, neu gewonnene Dokumente schnell und gut auffindbar abzuspeichern. Auch hinsichtlich der inhaltlichen Korrektheit der ausgewählten Informationen, Bilder usw. ist stets Vorsicht geboten. Prinzipiell besitzt schließlich jeder Nutzer die Möglichkeit, selbstständig Inhalte ins Internet zu stellen, wodurch die Chance durchaus gegeben ist, Fehlinformationen zu erhalten. Vergleiche also am besten ausgewählte Inhalte mit Informationen aus sicheren Quellen (z. B. Fachliteratur), bevor du sie in deine Arbeitsmaterialien integrierst.

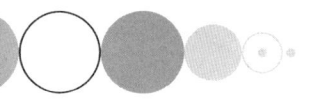

Notenverwaltung

Neben der Recherche und der Erstellung von Material kann der Computer auch für einen anderen Bereich zu einer entlastenden Stütze werden: Gemeint ist die Eingabe sowie Verwaltung der Leistungsnoten. Viele Lehrer schwören hierbei auf teils kostenpflichtige Tabellenkalkulationsprogramme von namhaften Anbietern. An dieser Stelle soll allerdings auf die sehr einfach zu handhabende Software „Einsplus" hingewiesen werden. Innerhalb dieses Programms ist es möglich, Klassenlisten anzulegen (viele Schule bieten die Klassenlisten sogar bereits in kompatiblem Programmformat an), die Noten für die verschiedenen Fächer zu verwalten sowie Zeugnisse mit vorgefertigten Satzmustern (insbesondere wichtig für die Beurteilungen in Textform in den unteren Klassenstufen) zu erstellen.

Nach aktuellen Datenschutzrichtlinien (Stand: Januar 2015) ist es allerdings wichtig, dass du dieses Notenverwaltungsprogramm auf keinen Fall an einem Rechner verwendest, welcher an das Internet angeschlossen ist. In der Praxis hat es sich bewährt, das Programm auf einen (verschlüsselten) USB-Stick zu kopieren, sodass dieser flexibel an verschiedenen, nicht internetfähigen Computern nutzbar ist. Der Vorteil der Nutzung dieses Programms liegt insbesondere darin, einen schnellen Überblick über den Leistungsstand der Schüler in sämtlichen Fächern zu erhalten und in der Fähigkeit des Programms, Notenschnitte automatisch auszurechnen und Zeugnisnotenvorschläge anzubieten.

4.5 Die Lehrertasche

Sie geht mit dir durch dick und dünn und ist dein ständiger Begleiter im Schulalltag: Gemeint ist natürlich die berühmte Lehrertasche. Klischeehaft prägt die braune Ledertasche im Used-Look das typische Bild des Lehrers im Einsatz. Doch auch andere Taschen oder beispielsweise Rucksäcke können diese Dienste erfüllen. Bei der Auswahl der Taschen gilt es, auf einige Kriterien zu achten – unabhängig von der Optik.

Ausreichendes Traggewicht

Grundsätzlich weisen Schulbücher, Arbeitshefte und anderes Material in der Masse durchaus ein nicht zu unterschätzendes Gewicht auf. Deshalb solltest du bei der Auswahl deiner Tasche unbedingt auf die Maximallast achten. Diese sollte am besten mindestens acht Kilogramm betragen. Zusätzlich kann zum Beispiel der Tragegurt mit

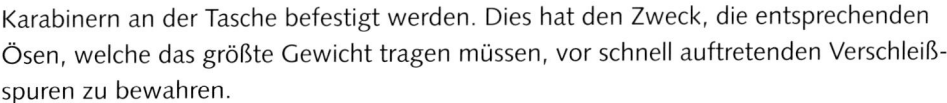

Karabinern an der Tasche befestigt werden. Dies hat den Zweck, die entsprechenden Ösen, welche das größte Gewicht tragen müssen, vor schnell auftretenden Verschleißspuren zu bewahren.

Gut organisierter Stauraum

Organisation ist das A und O im Lehreralltag und so sollte dieser Punkte auch bei der Auswahl der richtigen Tasche Beachtung finden. Hiermit ist insbesondere gemeint, dass die Tasche möglichst viele unterschiedliche Fächer bzw. Abteile aufweisen sollte. Auf diese Weise können die Materialien bereits beim Einpacken sortiert und im Unterricht schneller darauf zurückgegriffen werden. Auch die Größe der Fächer bzw. Abteile spielt hierbei eine Rolle und sollte berücksichtigt werden, denn eine große Menge an Materialien benötigt natürlich auch eine große Menge Platz. Innerhalb der Abteile solltest du für dich selbst eine stets gleichbleibende Aufteilung der Arbeitsmaterialien festlegen. Zu Beginn des Unterrichts kommt es oft vor, dass Schüler auf dich zustürmen und dir noch dringend etwas mitteilen möchten. Währenddessen sollte das Auspacken der benötigten Materalien nebenher und möglichst automatisch vonstattengehen, um nicht zu viel Unterrichtszeit zu verlieren. Dies kann nur gewährleistet werden, wenn du den Überblick über die Aufteilung deiner Tasche wahrst.

Verschließbare Fächer

Kleinvieh macht auch Mist und dementsprechend sollten auch kleinere Fächer bzw. Abteile für Utensilien wie Stifte, Notizzettel, Schere, Klebstoff usw. in der Tasche vorhanden sein. Da diese kleinen Helfer beim Transport grundsätzlich in Bewegung gesetzt werden, kommt es durchaus vor, dass manche Dinge auf dem Weg zum Klassenzimmer die Tasche verlassen und auf dem Boden landen. Achte deshalb darauf, dass die Tasche auch über verschließbare Fächer (z. B. mit Klett- oder Reißverschluss) verfügt, schließlich sollte der Begriff des Jägers und Sammlers nicht auch auf die eigenen Büroutensilien Anwendung finden.

5 Elternarbeit

5.1 Bestandteile der Elternarbeit

Im Gespräch mit Pädagogen fällt immer wieder das Stichwort „Elternarbeit". Oft
werden die unglaublichsten Geschichten aus dem Zusammenkommen zwischen
Lehrerschaft und Eltern erzählt und prägen langsam aber sicher das Bild von „Elternarbeit als notwendiges Übel des Lehrerdaseins".
Natürlich ist es nicht zu leugnen, dass Elternarbeit anstrengend sein kann. Aber sie ist
Teil des Berufs und auch bereits im Referendariat von Bedeutung. Deshalb werden wir
uns in diesem Kapitel vor allem mit der Vielschichtigkeit der Elternarbeit, der Bedeutung von Erwartungen sowie praktischen Tipps für Elterngespräche widmen.
Zunächst einmal erscheint es wichtig, zu klären, in welchen Bereichen die Elternarbeit
im schulischen Umfeld eine Rolle spielt.

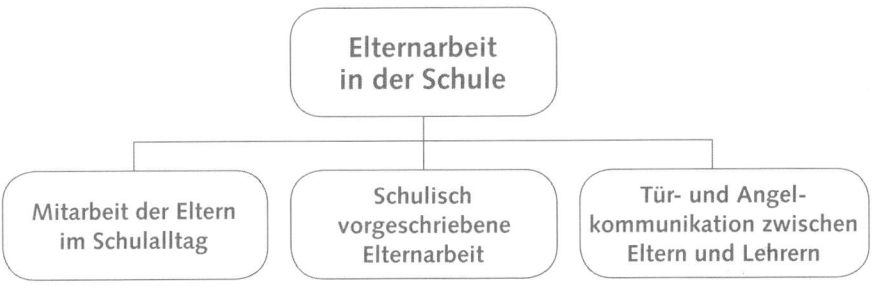

Im Großen und Ganzen lässt sich die Elternarbeit in drei große Bereiche aufgliedern.

Mitarbeit der Eltern im Schulalltag
Ein gutes Verhältnis zu den Eltern zahlt sich oft im Unterrichtsalltag wieder aus. Vor
allem bei Festen, Projekttagen und anderen außerschulischen Aktivitäten können
Eltern produktiv in den Schulalltag eingebunden werden. Wichtig dabei ist, die Eltern
nicht nur als „Helfer" zu nutzen, sondern auch deren Belange und Vorschläge ernst zu
nehmen.

Tür- und Angelkommunikation zwischen Eltern und Lehrer
Wer Small-Talk liebt, der darf sich auf den ein oder anderen Plausch freuen. Viele
Eltern bringen ihre Kinder in die Schule oder holen sie ab. Die Kommunikation an der
Türschwelle dient zum kurzen Austausch über Alltägliches, zum freundlichen Begrü-

ßen und zum Austausch über andere weniger wichtige Belange. Auch wenn für ernste Themen bezüglich der Schüler ein separates Elterngespräch vorzuziehen ist, hat diese Form der Alltagskommunikation durchaus ihre Berechtigung. Wichtig: Bei heiklen Angelegenheit gilt es, Datenschutz und Diskretion zu beachten und in einen gesonderten Raum auszuweichen.

Schulisch vorgeschriebene Elternarbeit

Neben der lockeren Alltagskommunikation ist die Zusammenarbeit zwischen Lehrern und Eltern auch in gewissem Maße gesetzlich geregelt und somit institutionalisiert. Einige Beispiele sind hier die Wahl der Elternvertreter, die Arbeit des Elternbeirates und die Mitgliedschaft der Eltern in der Schulkonferenz. Aber auch Beratungsgespräche (z. B. bei Übergangsverfahren), allgemeine Elterngespräche und Elternabende sind wichtige Elemente der Elternarbeit.

Offenheit, Empathie, Wertschätzung, Professionalität

Auch wenn vielleicht deutlich wurde, dass Elternarbeit ein elementarer Teil des Lehrerberufs ist, fragst du dich vielleicht, in welchem Maße sie dich als Referendar betrifft. Vorweg sei gesagt: Ein guter Draht zu den Eltern ist auch für Referendare immer vorteilhaft. Dies bedeutet aber nicht, dass du dich kumpelhaft geben oder dich um des guten Willens wegen jeder Elternmeinung unterordnen sollst. Ein gutes Verhältnis lebt von Offenheit, Empathie, Wertschätzung und Professionalität. Auch die Transparenz ist ein Stichwort, welches oft in Verbindung mit Elternarbeit fällt. Transparenz bedeutet die Offenlegung der eigenen Erwartungen und Vorhaben gegenüber den Eltern. Transparenz bezüglich Sanktionen oder Benotungen bietet eine gute und vor allem feste Grundlage für das Handeln im Alltag. Wir werden im weiteren Verlauf anhand einiger Beispiele verdeutlichen, wie diese Prämissen im alltäglichen Elterngespräch ihren Niederschlag finden können.

Egal, welche Vorurteile um das Schreckgespenst Elternarbeit kursieren: Elternarbeit bedeutet immer auch eine große Chance für beide Seiten. Deshalb empfiehlt es sich, frühzeitig mit der Elternarbeit zu beginnen. Wichtig ist dabei, den Eltern stets zu verdeutlichen, dass das Wohl der Kinder im Mittelpunkt aller Überlegungen steht. Dies bedeutet im Rückschluss natürlich auch, dass die Eltern einen gewissen Teil der Verantwortung für den schulischen Erfolg ihrer Kinder übernehmen müssen. Der vertrauensvolle Kontakt zwischen Elternhaus und Schule wirkt sich aber ebenso direkt auf die Schüler aus: Die Kinder sollen merken, dass beide Seiten an einem gemeinsamen Strang ziehen.

Konstruktive Kritik annehmen, eigene Position vertreten

Es ist eine nicht zu unterschätzende Gabe, mit Kritik konstruktiv umzugehen. Dass dies nur möglich ist, wenn auch die Kritik konstruktiv ist, versteht sich von selbst. Es fordert von dir reichlich Sozialkompetenz, Elternkritik und Vorschläge ernst zu nehmen – auch dann, wenn du die Dinge vielleicht aus einem anderen Blickwinkel siehst. Handle professionell und beziehe eventuelle Kritik nicht auf dich als Person, sondern auf die Sache.

Während in manchen Fällen Kritik der Eltern wichtig ist und angenommen werden sollte, gibt es immer wieder Streitpunkte, an denen es wichtig ist, seine eigene Meinung begründet zu vertreten. Zur Verdeutlichung wollen wir das Ganze an einem Beispiel festmachen:

Nehmen wir an, du bist Referendar im Fach Deutsch und übernimmst deine erste eigene Klasse – eine erste Klasse in der Grundschule. Du bist der Meinung, dass Kinder den Schriftspracherwerb mithilfe der Anlauttabelle und freier Verschriftung am besten absolvieren. Diesen Ansatz präsentierst du während eines Elternabends. Plötzlich meldet sich eine Mutter zu Wort und sagt: „Ich finde das wenig sinnvoll, die Kinder gewöhnen sich doch falsche Schreibungen an! Wir haben früher ja auch nach einem Schreiblehrgang gearbeitet und können heute schreiben. Ich bin der Meinung, Sie schaden unseren Kindern mehr, als dass Sie ihnen mit dieser Methode helfen."

Ein harter Schlag – Zumindest wenn man nicht darauf vorbereitet war. Die Meinung der Mutter ist natürlich gerechtfertigt. Sie hat den Schriftspracherwerb durch eine andere Methode absolviert und hinterfragt die neuen Herangehensweisen. Du könntest dich entweder auf eine endlose Diskussion einlassen oder der Mutter deine Entscheidung theoretisch begründet und standhaft noch einmal vortragen. Stütze dich bei deiner Argumentation auf wissenschaftliche Quellen oder verweise auf Artikel aus didaktischer Fachliteratur. Wenn du deine Entscheidung begründet gefällt hast – und im Kollegium kein gegenteiliger Beschluss besteht – stehe dazu. Es handelt sich um deine didaktische Freiheit und du gehst einen ersten Schritt in Richtung Professionalität. Ist Kritik jedoch sinnvoll und bringt dich zum Nachdenken, informiere dich und lenke eventuell auch ein. Auch das ist professionelles Handeln und zeugt von einem hohen Maß an Kompetenz.

5.2 Erster Elternabend

Du als Referendar wirst voraussichtlich das erste Mal bei einem Elternabend mit den Eltern deiner Schüler in Kontakt kommen. Oft ist der erste Elternabend verbunden mit nächtelangen Schweißausbrüchen, Panikattacken und ununterbrochener Nervosität. Es quälen dich Fragen wie: „Mögen die Eltern mich? Was ziehe ich an? Wirke ich professionell? Was, wenn Eltern mich zufällig kennen? Was sage ich? Wie gehe ich mit unangenehmen Fragen um?" Die Liste ließe sich wohl endlos fortsetzen. Doch keine Panik! Ein Elternabend bietet dir die Chance, dich zu präsentieren. Die Eltern sind gespannt und du kannst sicher sein, sie werden in der großen Überzahl äußerst positiv gestimmt sein und sich auf den „neuen, jungen Kollegen" freuen.
Wie läuft er nun also ab, der erste Elternabend, bei dem du als Gast anwesend sein wirst? Ja, richtig gehört: Als Gast, denn die Moderation des Elternabends übernimmt der Klassenlehrer, der gemeinsam mit der Elternvertretung die Tagesordnung aufgestellt hat. Die Vorstellung deiner Person wird nur einen kurzen Teil ausmachen. Vielleicht darfst du dich auch selbst vorstellen. Halte deine Ausführungen kurz und bleibe professionell. Interessant könnten folgende Fragestellungen sein:

- Wo hast du studiert?
- Welche Studienfächer hast du belegt?
- Was ist deine Aufgabe in der Klasse?
- Wie und wann können Eltern mit dir Kontakt aufnehmen?

Wenn du in dieser Klasse auch eigenständigen Unterricht abhalten wirst (meist im zweiten Teil deiner Ausbildung) spielen auch folgende Fragen eine wichtige Rolle:

- Welche Fächer unterrichtest du?
- Wie bildest du deine Noten?
- Wie ist deine Gewichtung schriftlicher und mündlicher Noten?
- Wie gehst du mit Störverhalten um?
- Wann stehst du für Elterngespräche bereit?

Hobbys und andere private Angelegenheiten solltest du für dich behalten – immerhin möchtest du als angehender Lehrer auch den nötigen Respekt entgegengebracht bekommen und professionell wirken. Über private Angelegenheiten kann man eher bei Klassenfesten in Kommunikation treten. Überlege dir im Vorfeld genau, was du sagst. Du kannst dir wie bei einem Referat Notizen machen. Es hat sich vor allem in Sachen Notengebung auch bewährt, die wichtigsten Informationen stichwortartig auf Folie zu drucken. Eine Hilfe ist es auch, den Eltern eine Art Handzettel auszuteilen. Somit stellst du sicher, dass die Anwesenden deine Informationen auch korrekt aufnehmen. Doch denke daran: Was du schriftlich ausgeteilt hast, hat verbindlichen Charakter. Überdenke also alle Informationen sehr genau und halte notfalls Rücksprache mit deinem Mentor oder deinen Lehrbeauftragten / Ausbildern.

Wie bereits weiter vorn angesprochen, werden Elterngespräche auch für dich zu einem Bestandteil deiner Arbeit werden. Du hast die Möglichkeit, den Eltern einen festen Termin anzubieten („Sprechstundenprinzip"), individuell nach Absprache Termine zu vereinbaren oder deine telefonische Erreichbarkeit anzubieten. Auch hier sollte man seine Entscheidung sehr gut überdenken: Einmal ausgegebene Telefonnummern halten sich oft jahrelang im Umlauf.

Übung: Rollentausch

Eine gute Übung ist, sich selbst einmal in die Rolle eines Elternteils zu versetzen und sich zu fragen:

- Wie stelle ich mir einen gelungenen Elternabend vor?
- Was möchte ich vom Lehrer wissen, was interessiert mich nicht?
- Wie muss sich eine Lehrperson geben, um vertrauensvoll zu wirken?
- Auf was würde ich beim Lehrer meiner Kinder besonders achten?
- Was sind meine Wünsche an die Zusammenarbeit mit der Schule?

Versuche dir dabei vorzustellen, dass der Elternabend zum Beispiel an einem Mittwoch stattfindet: Ein Tag, der dich beruflich oder im Haushalt vielleicht besonders herausfordert. Schnell wirst du merken: Eltern wollen ernstgenommen und informiert werden – aber lieber kurz und knackig als langwierig und zäh.

Wichtig:
Auch „Kennenlernspiele" sind im Alltag bei Elternabenden sehr verbreitet, jedoch meist wenig beliebt. Wir empfehlen daher, davon abzusehen und stattdessen die Elternvertretung dazu zu animieren, einen Elternstammtisch zu organisieren. Hier können Kontakte unter den Eltern in lockerer und vor allem freiwilliger Atmosphäre aufgebaut werden. Meist wird diese Aufgabe aber dein Mentor übernehmen.

5.3 Elterngespräche führen

Elterngespräche sind ein wichtiger Pfeiler der Elternarbeit und somit auch eine der Grundlagen erfolgreicher schulischer Arbeit. Wir wollen in diesem Abschnitt zunächst einige grundsätzliche Überlegungen zur zwischenmenschlichen Kommunikation besprechen, Tipps zur Vorbereitung auf ein Elterngespräch geben und drei typische Arten von Elterngesprächen vorstellen.

Verschiedene Interpretationsmuster für eine einzige Information
Wer kennt es nicht: das Missverständnis. Man redet sprichwörtlich „aneinander vorbei". Manchmal kann das natürlich fatale Folgen haben. Missverständnisse zeigen uns, dass Kommunikation immer auf verschiedenen Ebenen stattfindet. Botschaften werden oft von einer Ebene gesendet und kommen auf einer ganz anderen Ebene an, man bekommt etwas „in den falschen Hals".
Am bekanntesten dürfte das Kommunikationsquadrat von Friedemann Schulz von Thun sein. Er geht davon aus, dass jede Information auf verschiedene Art und Weise betrachtet und interpretiert werden kann. Zum einen informiert der Sender den Empfänger auf der Sachseite über die Sache selbst. Auf der Ebene der Selbstoffenbarung gibt der Sender seine Empfindungen und Einstellungen bezüglich der Sachinformation preis. Die Beziehungsseite zeigt die Art der Beziehung an, in welcher der Sender zum Empfänger steht und die Appellseite betrifft letztlich die Absichten, die der Sender mit dem Absenden seiner Information verfolgt.
All diese Seiten der Kommunikation sind natürlich auch für das Gespräch zwischen Eltern und Lehrer wichtig. Es empfiehlt sich, das Gespräch auf der Sachebene zu halten. Das verhindert doppelbödige Kommunikation, bei der es letztlich nichtmehr um die produktive Lösung eines Problems gehen würde.
Wichtig ist es, sich der verschiedenen Interpretationsmuster einer Information bewusst zu sein und dem Gesprächspartner zu signalisieren, wie die Information bei einem selbst angekommen ist. Eine bewährte Technik ist das Paraphrasieren des Gehörten. Wir werden später erläutern, wie genau du diese Gesprächstechnik einsetzen kannst.

Arten von Elterngesprächen
Jedes Elterngespräch hat einen Auslöser und einen Initiator: Entweder ergreifen die Eltern die Initiative, weil sie unzufrieden sind oder sie in der schulischen Arbeit oder der Arbeit ihrer Kinder ein Problem sehen. Oft ergreifen auch die Lehrer die

Gesprächsinitiative. Dies geschieht vor allem dann, wenn Leistungsdefizite vorhanden sind oder der Lehrer Gründe zur weitergehenden Diagnostik im Sinne von LRS, AD(H)S, etc. sieht. Im Idealfall sind aber beide Parteien bestrebt, das vorliegende Problem zu lösen und es kommt zu einem Gespräch, bei welchem die Beratung im Mittelpunkt steht. Vor allem Konversationen, die von den Eltern initiiert werden, sind meistens spontan. Es würde den Rahmen dieser kurzen Einführung sprengen, Gesprächsleitfäden für alle Arten von Elterngesprächen aufzuführen. Wer sich hier tiefer einlesen möchte, sollte im Buchhandel seines Vertrauens nach „Gesprächsstrategien" und „Kommunikationsgrundlagen" fragen. Im Folgenden sollen insbesondere Tipps mit größtmöglicher Allgemeingültigkeit und Handlungsmöglichkeiten für besonders schwierige Situationen aufgezeigt werden. Prinzipiell ist es aber wichtig, im Einzelfall zu entscheiden.

Auch hier kann dir dein Mentor oder dein Ausbildungsseminar / Studienseminar helfen.

Tipps für das Elterngespräch

Es erscheint uns wichtig, kurz auf das durch die Eltern initiierte Gespräch einzugehen. Zunächst einmal ist aber bei sämtlichen Elterngesprächen ein Punkt entscheidend: Die Vorbereitung. Wenn ein Gespräch spontan eingefordert wird, sollte man sich deshalb selbst die Frage stellen, ob man sich auf die Konversation vorbereitet fühlt oder ob man noch mehr Zeit benötigt. Sollte zweites der Fall sein, ist es sinnvoll, sich von den Eltern Informationen zum Anliegen geben zu lassen und dann einen zeitnahen Termin zu vereinbaren. Dies schafft Zeit und Abstand – für beide Parteien. Bei allen Gesprächen sollten einige grundsätzliche Tipps beachtet werden:

- Der Ort des Gespräches sollte eine diskrete Atmosphäre aufweisen. Ein Klassen- oder Lehrerzimmer eignet sich deshalb schon aus Datenschutzgründen wenig. Viele Schulen verfügen über Besprechungszimmer. Sind diese noch freundlich eingerichtet, ist das ein erstes Signal von Schulseite für eine offene Gesprächskultur (Blumen auf dem Tisch oder Getränke bewirken oft Wunder).
- Bereite das Elterngespräch vor. Notiere deine Anliegen und Argumentationen vor dem Gespräch und schweife während des Verlaufs nicht davon ab. Elterngespräche drohen sich sonst im Kreis zu drehen, ohne dass die Beteiligten danach noch konkrete Gesprächsinhalte benennen könnte. Überlege dir genau: Was willst du mit dem Elterngespräch erreichen? Was wollen die Eltern erreichen und wie weit willst und kannst du den Erwartungen entsprechen?

- Treffe Zielvereinbarungen und notiere diese. Händige eventuell eine Kopie der Zielvereinbarungen an die Eltern aus. Zielvereinbarungen sollten so konkret wie möglich verfasst sein. Das erleichtert eine Durchführung auf beiden Seiten (Beispiel: „Ich kontrolliere jeden Tag die Hausaufgabenmappe meines Kindes. Hausaufgaben werden sofort nach dem Mittagessen erledigt"). Gleichzeitig können Zielvereinbarungen bei einem weiteren Elterngespräch als Einstieg verwendet werden. Eine entsprechende Vorlage zum Protokollieren von Elterngesprächen und der Formulierung von Zielvereinbarungen findest du im Anhang. Zielvereinbarungen sollten relativ rasch nach ihrer Formulierung notiert werden, sonst droht sich das Gespräch endlos im Kreis zu drehen.

- Paraphrasiere das Gehörte. Paraphrasieren bedeutet, das Gehörte in eigenen Worten zusammenzufassen, eventuell die beobachtete (gefühlsbedingte) Reaktion zu spiegeln und sich zu versichern, dass die Botschaft richtig angekommen ist. Diese Methode hilft dir dabei, unterschwellige Botschaften früh zu entlarven und sie aus dem Gespräch weitestgehend zu verbannen. Denn nichts ist schlimmer als eine Konversation, welche vordergründig zwar „zu laufen" scheint, „unter dem Boden" allerdings nur aus gegenseitigen Schuldzuweisungen besteht. Wenn wir das Gespräch auf die Sachebene transformieren bzw. dort halten, ist eine produktive Lösung am wahrscheinlichsten!

Versuche, das Elterngespräch so kurz wie möglich und so lang wie nötig zu halten. Auch dies verhindert ein „sich-im-Kreis-drehen".

Bei erwartungsgemäß schwierigen Elterngesprächen empfiehlt es sich, die Schulleitung hinzuzuziehen. Sie kann weitestgehend neutral agieren, da sie nicht im täglichen Kontakt mit Eltern und Schülern steht. Außerdem hat die Schulleitung eine höhere Position inne und somit auch weitreichendere schulrechtliche Möglichkeiten, mit „schwierigen Fällen" umzugehen.

Vom Smalltalk zur Problemösung – ein möglicher Gesprächsverlauf

Gespräche sind so individuell wie die Situationen, in denen sie geführt werden und die Menschen, die sie führen. Trotzdem möchten wir dir ein typisches Elterngespräch vorstellen. Dies soll dir auch die Angst vor schwierigen Gesprächen nehmen. Im Übrigen erweisen sich die meisten Elterngespräche als sehr fruchtbar und nur wenige Fälle sind wirklich schwierig. Also keine Panik – hier kannst du Professionalität beweisen.

1. Phase: Begrüßung und Smalltalk: Begrüße dein Gegenüber freundlich, halte einen kurzen Smalltalk, um den ersten Kontakt herzustellen. Wichtig ist, dass du dich nicht im Smalltalk verlierst, sondern dann schnell auf die zweite Phase überleitest.

2. Phase: Gesprächseröffnung: In jedem Fall bist du der Moderator des Gesprächs. Sprich daher kurz an, was der Grund des Treffens ist und dass du am Ende eine konstruktive Lösung mit verbindlichen Zielvereinbarungen vorliegen haben möchtest. Dies vereinfacht auch die spätere Beendigung des Gesprächs.

3. Phase: Anliegen klären: Was sind die Probleme aus Sicht beider Gesprächspartner? Bereits hier bietet es sich an, das Gehörte zu paraphrasieren, um Missverständnissen aus dem Weg zu gehen.

4. Phase: Gründe benennen: Was sind mögliche Gründe des Problems? Phase 4 und 5 können dabei ineinander verschmelzen.

5. Phase: Lösungsmöglichkeiten konstruieren: Das Kernstück des Gesprächs. Hier werden gemeinsam Lösungsmöglichkeiten für das Problem erarbeitet. Der Gesprächspartner sollte aktiv in die Lösung des Problems mit einbezogen werden. Das erleichtert die spätere Umsetzung. Wichtig ist, sich bewusst zu machen, dass man als Lehrer nicht für alle auftretenden Probleme ausgebildet ist und eventuell an Experten wie Psychologen oder das Jugendamt verweisen muss.

6. Phase: Zielvereinbarungen treffen und sich verabschieden: Triff wenige, dafür aber wichtige und konkrete Zielvereinbarungen mit deinem Gesprächspartner und fixiere diese schriftlich. In besonderen Fällen können diese Zielvereinbarungen auch von beiden Seiten unterschrieben werden, was zusätzliche Verbindlichkeit schafft. Außerdem kann dem Gesprächspartner eine Kopie der Zielvereinbarungen ausgehändigt werden. Verabschiede deine Gesprächspartner aktiv. Dies ist deine Aufgabe, da du der Moderator des Gesprächs bist.

Extremsituationen meistern

Hin und wieder kommt es aber auch bei Elterngesprächen zu extremen Situationen, die vor allem für Referendare und Berufsanfänger eine große Herausforderung darstellen. Eine abschließende Liste und allgemeingültige Lösungsmöglichkeiten können wir aufgrund der Einzigartigkeit jedes Gesprächs natürlich nicht vorlegen, trotzdem ist immer wieder von vier Extremsituationen die Rede, die es in Elterngesprächen zu meistern gilt.

Situation	Handlungsvorschlag
Der Gesprächspartner weint.	Reiche ein Taschentuch und gib deinem Gesprächspartner Zeit, sich zu fangen. Sollte dies nicht möglich sein, biete an, das Gespräch gegebenenfalls abzubrechen und neu zu terminieren.
Das Gespräch dreht sich im Kreis.	Fasse den Gesprächsverlauf in wenigen Sätzen zusammen, formuliere die Zielvereinbarungen und verabschiede dich aktiv von deinem Gesprächspartner.
Dein Gesprächspartner ist aufgebracht.	Verschaffe dir etwas Zeit, indem du beispielsweise noch Unterlagen aus dem Lehrerzimmer holst. Diese Zeit kann dein Gesprächspartner nutzen, um „herunterzukommen". Sollte das nicht möglich sein, biete deinem Gesprächspartner die Möglichkeit, all seinen Dampf abzulassen, ohne dabei zu kommentieren. Steige in das Gespräch ein, wenn du merkst, dass die meiste Wut abgelassen wurde und der Elternteil jetzt auf der Sachebene sprechen kann. Ist dies nicht möglich, vertage das Gespräch.
Dein Gesprächspartner weigert sich, eine konstruktive Lösung zu finden.	Ziehe die Schulleitung oder ggf. deinen Mentor zum Gespräch hinzu. Sollte dies nicht sofort möglich sein, beende das Gespräch und verweise auf einen weiteren Termin mit Unterstützung durch die Schulleitung.

5.4 Der Elternsprechtag

Wenn wir an Elternsprechtage denken, fällt uns meist zuerst die eigene Schulzeit ein. Der Elternsprechtag war jener Tag im Jahr, als die Karten sprichwörtlich „auf den Tisch gelegt" wurden. Gespannt wartete man zu Hause, wie das Urteil der Lehrer ausfiel. Bestimmt kennst du diese Situation. Ab sofort steckst du in der Rolle der Lehrperson.

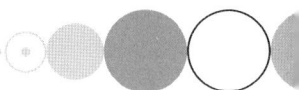

Viele Schulen haben neben den Elterngesprächen, die verteilt über das Schuljahr stattfinden, einen festen Elternsprechtag eingerichtet. Oft findet dieser zum Ende eines Halbjahrs statt und hat zum Ziel, die Eltern über den Leistungsstand der Kinder zu informieren und diese zum Beispiel bezüglich des Überganges in die Sekundarstufe zu beraten.

Für den Elternsprechtag ist meist ein fester Zeitrahmen vorgegeben. Dein Mentor wird als Klassenlehrer das Datum und auch die Sprechzeiten festlegen. Sprich dich unbedingt zuvor mit ihm ab, damit sich die Sprechzeiten nicht mit deinen Seminarveranstaltungen oder anderen wichtigen Terminen überschneiden. Im ersten Ausbildungsabschnitt spielt der Elternsprechtag für dich keine Rolle, da du kein Fach eigenständig unterrichtest. Bist du allerdings als Lehrkraft in deinen Ausbildungsfächern eingesetzt, dann bist du fachbezogen der erste Ansprechpartner der Eltern.

Der zeitliche Rahmen

Meist finden während eines Elternsprechtages mehrere Gespräche an einem Tag statt. Insgesamt sollten pro Elternteil ungefähr 15 – 20 Minuten einkalkuliert werden. Bitte halte auch du dich als (Co-)Moderator des Gesprächs an diesen Zeitplan, damit sich vor deinem Sprechzimmer keine unendlich lange Warteschlange an genervten Eltern bildet. Solltest du merken, dass weiterer Gesprächsbedarf vorhanden ist, vereinbare einen Einzeltermin außerhalb des Sprechtages.

Die Beratungssituation

Während des Referendariats wirst du den Sprechtag gemeinsam mit deinem Mentor planen und durchführen. Im Normalfall werdet ihr beide die Eltern gleichzeitig beraten – du in deinem unterrichteten Fach, der Mentor ist für den gesamten Rest verantwortlich. Wie ein Elterngespräch wird auch der Sprechtag in einem Sprechzimmer stattfinden. Eine kleine und unaufdringliche Tischdekoration lockert wie bereits angesprochen die Beratungssituation etwas auf und erleichtert den Gesprächseinstieg. Manche Lehrer schwören auf kleine Snacks und Getränke auf dem Tisch – ob man kulinarische Verköstigung anbieten möchte, muss jeder für sich selbst entscheiden.

Der Gesprächsverlauf

Anders als beim Elterngespräch im Jahresverlauf welches sich meist aus akuten Situationen oder Themen ergibt – bietet der Elternsprechtag eher allgemeine und umfassende Information über den Leistungsstand und das Verhalten der Schüler. Der

Gesprächsleitfaden für Elterngespräche kann zwar eventuell auch hier Einsatz finden, allerdings hat es sich bewährt, mit einer offenen Frage in das Elterngespräch zu starten: „Gibt es Dinge, die Sie gerne ansprechen würden?" Dieses Vorgehen signalisiert Offenheit und Interesse. Eltern haben das Recht, ernst genommen zu werden. Wer so in ein Gespräch startet, stellt die Weichen für eine gelingende Kommunikation in die richtige Richtung.

Schriftliche Vor- und Nachbereitung des Elternsprechtages

Die Organisation des Sprechtages wird im Regelfall dein Mentor vornehmen, er wird auch die einzelnen Gesprächstermine weitestgehend organisieren. Konzentriere du dich vor allem auf die schriftliche Vorbereitung des Beratungsgesprächs. Folgende Überlegungen sollten kompetenzorientiert erfolgen und können dir helfen, das Gespräch vorzubereiten. Versuche, konkret formulierte Antworten auf die folgenden Fragen zu finden:

- Wie beurteilst du die fachliche Leistung des Schülers?
- Wie beurteilst du die mündliche Leistung des Schülers?
- Beweist der Schüler Kompetenz im Umgang mit neuen Medien?
- Beweist der Schüler Sozialkompetenz im Umgang mit anderen Schülern und Lehrern?
- Kann der Schüler eigenständig in offenen Lernarrangements arbeiten?
- Wo liegen die Stärken des Schülers?
- Wo liegen Entwicklungsfelder des Schülers?

Ein Elterngespräch dient zwar vor allem der Information der Eltern über den aktuellen Lernstand, dennoch können auch hier konkrete Zielvereinbarungen getroffen werden, wenn du und dein Mentor dies als notwendig erachten. Fertige auf alle Fälle ein kurzes Protokoll (möglich ist auch ein datiertes Gedächtnisprotokoll im Anschluss) des Gesprächs an. Bei zukünftigen Gesprächen bietet sich somit ein Anknüpfungspunkt.

Das Dreiecks-Prinzip: Schüler als Teil des Elterngesprächs

Einige Schulen arbeiten bereits mit dem Dreiecks-Prinzip. Das bedeutet, dass der Schüler aktiv am Gespräch teilnimmt. Oft wird von den Schülern im Vorfeld ein Reflexionsbogen ausgefüllt, welcher dann gemeinsam besprochen wird. Diese Sicht ermöglicht stärkere Schülerzentrierung und bietet die Chance, den eigenen Blick um die Perspektive des Schülers zu erweitern.

5.5 Privatsphäre wahren

Gehen wir noch einmal zur Situation des Elternabends zurück. Natürlich ist es für die Eltern wichtig, eine Kontaktmöglichkeit „für alle Fälle" zu haben. Wie du diese Kontaktmöglichkeit anbietest, ist letztendlich deine Sache, denn es gibt hierzu keine verbindlichen Vorschriften.

Im Gespräch mit Lehrern hören wir immer wieder, dass ein Großteil der Lehrkräfte ihre privaten Telefonnummern als Kontaktmöglichkeit zur Verfügung stellt. Kaum einer der betreffenden Lehrkräfte schien bei der Freigabe der Nummern allerdings darauf gefasst zu sein, dass Anrufe um 23 Uhr oder am Wochenende keine Seltenheit darstellen und bei einer unbeantworteten Nachricht auf dem Anrufbeantworter schnell Rechtfertigungen verlangt werden.

„24/7" oder die Erreichbarkeit des Lehrers

Da stellt sich natürlich schnell die Frage, inwiefern es die Pflicht des Lehrers ist, rund um die Uhr erreichbar zu sein. Ist es überhaupt erstrebenswert? Welche Möglichkeiten bieten sich, wenn man zwar erreichbar sein möchte, allerdings auch seine Privatsphäre zu wahren versucht? Wir werden in diesem Teilkapitel diesen Fragen nachgehen und dir praktische Tipps im Umgang mit unangenehmen Elternfragen zu diesem Thema geben.

Für viele Lehrkräfte scheint es ein nicht hinterfragtes und trotzdem wenig geliebtes Ritual zu sein, am ersten Elternabend die eigene Telefonnummer mit dem Hinweis „in Notfällen" in großen Ziffern an die Tafel zu schreiben. Haften bleibt zwar oft die Telefonnummer, der Zusatz des Notfalls wird aber schnell vergessen oder durch dessen Schwammigkeit dehnbar gemacht.

In vielen Fällen bereuen die betreffenden Kollegen ihre Entscheidung zwar relativ schnell, sehen sich aber weiterhin in der Pflicht, 24 Stunden am Tag für Eltern und Schüler zu Verfügung zu stehen. Es empfiehlt sich, von dieser Einstellung sehr schnell Abstand zu nehmen. Eine klare Trennung zwischen Privatleben und Beruf ist vor allem als Lehrer wichtig, da bei diesem Beruf die Grenzen sehr stark verschmelzen. „Das kann ich doch nicht bringen!", magst du dir jetzt vielleicht denken.

Wenn du aber nach folgenden Prämissen arbeitest und somit ein gedankliches Häkchen dahinter setzen kannst, kannst du dir guten Gewissens das Recht herausnehmen, private Zeiten privat zu lassen.

- In Dienstzeiten arbeitest du mit 100 % Einsatz.

- Du erledigst deine Vor- und Nachbereitungen nach bestem Wissen und Gewissen. Du nimmst dir Zeit für Elterngespräche und hältst deine Termine auch ein. Während Elterngesprächen arbeitest du stets professionell und lösungsorientiert.

- Du arbeitest nicht nur nach dem Motto „Dienst nach Vorschrift", sondern bringst dich aktiv im Schulleben mit ein.

Kein Lehrer muss 24 Stunden am Tag und sieben Tage in der Woche erreichbar sein. Dass dies sogar ungesund sein kann, darauf werden wir im weiteren Verlauf noch einmal dezidiert eingehen. Natürlich ist es vor allem am Anfang schwierig, gegenüber den Eltern auch einmal „Nein!" zu sagen oder vor Kollegen zu rechtfertigen, dass man seine eigene Telefonnummer nicht an die Elternschaft weitergibt. Zwar steht man nicht im Zugzwang, seine Entscheidung zu rechtfertigen, trotzdem tut man sich manchmal schwer, sich aus diesen, etwas unangenehmeren Situationen gekonnt herauszuziehen, da die Entscheidung für einige Kollegen vielleicht nicht nachvollziehbar ist oder sie insgeheim sogar etwas neidisch gegenüber deinem „Mut" sind.

Lösungsorientierte Alternativen anstatt sturer Antihaltung
Dass du kein schlechtes Gewissen haben musst, deine privaten Zeiten zu schützen, haben wir mit den fünf Prämissen zur Arbeitshaltung bereits aufgezählt. Natürlich möchtest du aber mit deinen Eltern und Kollegen ein gutes Verhältnis pflegen und deswegen bietet es sich an, keine starre Antihaltung einzunehmen, sondern stets lösungsorientiert zu arbeiten. So würden sich zum Beispiel für die Frage nach der Telefonnummer folgende Alternativen anbieten:

- Verweise auf die Telefonnummer des Sekretariats. Die Sekretärinnen sind oft länger in der Schule als das Lehrpersonal.

- Biete den Eltern die Möglichkeit an, kurze Mitteilungen in ein Kontaktheft zu schreiben. Dieses Heft ist stets von den Schülern mitzuführen und dient zur Kommunikation zwischen Eltern und Lehrer.

- Verweise auf die Zeiten nach deinem Unterricht. Meist ist man als Lehrer noch 10 bis 15 Minuten im Klassenzimmer – ideal für kurze Tür- und Angelgespräche oder zur Terminabsprache für längere und intensivere Elterngespräche.

- Wem die vorgeschlagenen Alternativen trotzdem unangenehm sind, dem bietet sich auch die Möglichkeit, ein zweites Handy anzuschaffen. Günstige Prepaidhandys mit eigener Telefonnummer gibt es schon ab rund 10 Euro. Diese „zweite" Telefonnummer kann entweder nur an die Elternvertreter oder an die ganze Elternschaft ausgegeben werden. Sie hat den Vorteil, dass du nur zu Zeiten erreichbar bist, die für dich in Ordnung sind. Auch das kann man den Eltern beim Ausgeben der „Dienstnummer" durchaus transparent machen: „Hier können Sie mich werktags von 14 bis 18 Uhr erreichen."

Der Elternstammtisch – ein Ventil für unangenehme Themen

Viele Elternvertretungen organisieren Elternstammtische. Hier können sich die Eltern einmal im Monat in privater und ungezwungener Atmosphäre austauschen und näher kennenlernen. Neben schulischen Themen wird hier natürlich über allerlei Wichtiges und Unwichtiges geplaudert: Seien es die Hobbys der Kinder, der letzte Urlaub oder das neuste Küchengerät – thematisch sind keine Grenzen gesetzt.

Oft sind auch die Lehrer zu diesen Treffen eingeladen. Ob dir diese Art des Kontakts zusagt, musst du selbst entscheiden. Wenn Sie dir unangenehm ist, lehne sie jedoch freundlich ab. Unser Tipp: Bedanke dich freundlich für die Einladung, denn sie ist mit Sicherheit ernst und vor allem auch nett gemeint. Lehne aber mit Verweis auf beispielsweise andere Termine ab. Solche Treffen bieten zwar einerseits die Chance, dich als Mensch kennenzulernen, sind aber andererseits für manche Eltern auch ein Ventil um Dinge zu besprechen, die ihnen vor der Lehrkraft vielleicht unangenehm wären. Nutze lieber Festlichkeiten in der Schule wie Klassenfeste oder Projekttage, um mit den Eltern in Kontakt zu treten und ins Gespräch zu kommen.

6 Freizeit und Selbstmanagement

6.1 Lehrergesundheit als wichtigste Ressource

Ob du es glaubst oder nicht: Dieses komplette Kapitel widmet sich deinem Wohlbe-finden! Nachdem wir in den vergangenen Kapiteln unseren Fokus eher auf den Schüler als Kern unserer Arbeit gerichtet haben, wollen wir dich auf den kommenden Seiten für deine eigene Gesundheit sensibilisieren. „Meine Gesundheit?", wirst du dir jetzt vielleicht etwas ungläubig denken. „Ich bin doch jung, fit und belastbar". Und ja: du hast recht. Du bist jung und fit. Und du steckst hohe Belastungen im Normalfall leichter weg, als du dies in 20 Jahren tun wirst. Gerade das Referendariat ist aber nicht nur eine fachlich-didaktische Prüfung, sondern prüft auch deine Stress-resistenz. Wie wir bereits angesprochen haben, sind anstehende Unterrichtsbesuche, Lehrproben / Prüfungsstunden und Kolloquien manchmal sehr dicht aufeinander angesetzt und es kann dazu kommen, dass du dir wünschst, der Tag hätte 48 Stun-den. Doch das wird er nicht haben – und es ist auch nicht das Ziel des Referendariats, sich dem Stress zu ergeben und schon vor dem eigentlichen Berufsstart in den gefürchteten Burn-out-Strudel hineinzugeraten. Der richtige Weg ist es, schon frühzeitig Strategien im Umgang mit stressigen Situationen zu entwickeln. Am besten du fängst direkt im Referendariat damit an!

Lehrergesundheit – ein unterschätztes Gut

Dass es mit der Lehrergesundheit in Deutschland wenig gut steht, kann man verschie-densten Statistiken und Veröffentlichungen entnehmen. Zwar ist die Zahl der Früh-pensionierungen statistisch eher rückläufig, dennoch weisen viele Kollegien Burn-out gefährdete Mitglieder auf, oder Kollegen haben bereits aufgrund von Überarbeitung ihr Zepter als Lehrer – in einigen Fällen auch nur vorrübergehend – niedergelegt. Das mag zum einen vielleicht daran liegen, dass angehende Pädagogen sich nicht über die erzieherische Herausforderung im Klaren sind, oder schon von vorneherein eine labile Persönlichkeit aufweisen. Doch die Gründe sind auch in den großen Klassen, den hohen Anforderungen veränderter Erziehungsbedingungen und den Herausforderun-gen durch verhaltenssauffällige und förderbedürftige Schüler zu suchen.

Als wir uns dazu entschieden, dieses Buch zu veröffentlichen, interessierte uns unter vielen anderen Fragen vor allem jene: Warum unterschätzen gerade junge Kollegen die Gefahr einer Überarbeitung und völligen Aufopferung für den so lange angestreb-ten Beruf?

Wir machten uns auf die Suche nach Antworten, wurden aber nur bedingt fündig. Viele Veröffentlichungen behandeln dieses Thema nur sehr stiefmütterlich. Doch um dem Anspruch des kindzentrierten Handelns gerecht zu werden, erscheint es uns wichtig, der eigenen Gesundheit höchste Priorität zu geben.

Nähern wir uns der Thematik doch einmal von dieser Seite: Ein zufriedener und gesunder Lehrer wird dem Kind gerechter als ein unzufriedener Lehrer mit Burn-out-Symptomen oder Erschöpfungszuständen. Es tut sich also vordergründig etwas sehr paradoxes auf: Durch ausgewogenen Selbstschutz und die damit verbundene Distanz ist es möglich, den schulischen Herausforderungen besser gerecht zu werden.

Und wieder einmal: Die goldene Mitte macht's

Vielleicht denkst du dir jetzt: Klingt gut – zurücklehnen und nichts tun. Doch stopp! Das wäre genau die falsche Auffassung unserer Ausführungen. Es geht wie so oft im Leben darum, einen goldenen Mittelweg zu finden. In didaktischen Veröffentlichungen gibt es einige modellartige Einteilungen von Lehrertypen mit Zuordnung zu verschiedenen Arbeitshaltungen (unter anderem die AVEM-Studie von Schaarschmidt[1]). Allen gemeinsam ist die Empfehlung, sich von Perfektionismus, Überengagement und Überforderung ebenso abzugrenzen wie von höchstmöglicher Distanziertheit und dem sogenannten „Dienst nach Vorschrift". Beide Extreme sind nicht gesund! Die Balance hält derjenige, der sich mit seinem Beruf identifizieren kann und sich engagiert. Er sollte Beruf und Privates aber genauso gut trennen können, um sich der eigenen Regeneration zu widmen. Regenerationszeiten sind wichtig, um den Akku aufzuladen und mit neuer Energie an die beruflichen Aufgaben heranzugehen.

---

[1] vgl. dazu Schaarschmidt/Fischer (2001): Bewältigungsmuster im Beruf. Göttingen

6.2 Distanz zum Beruf – abschalten können

Gerade wurden Modelle zur Einordnung der Arbeitshaltung von Lehrern angesprochen. Eine wichtige Vorreiterposition nimmt dabei die oft zitierte Arbeit von Prof. Uwe Schaarschmidt und seinem Team ein. Ein wichtiges Ergebnis der Untersuchungen stellen vier Verhaltens- und Erlebnismuster dar.[2] Diese vier Verhaltenstypen lassen sich wie folgt zusammenfassen:

Muster Gesundheit: Der Lehrer im Muster G engagiert sich für seinen Beruf, tut dies aber nicht in exzessiver Art und Weise. Während der Tätigkeitsausübung ist dieser Lehrer zufrieden und glücklich. Obwohl er sich engagiert, distanziert er sich aber zu gegebenem Zeitpunkt gegenüber seinem Beruf und kann sich dabei erholen.

Muster Schonung: Ein Lehrer im Muster S versucht, so viel Distanz als Möglich zu seinem Beruf aufzubauen und reduziert sein schulisches Engagement auf ein Minimum. Dabei ist er aber nicht von negativen Emotionen begleitet, sondern geprägt durch ein positives Lebensgefühl.

Muster Aufopferung: Lehrer, die im Muster A handeln, geben sich völlig der Schule hin. Überengagement und Perfektionismus sind Zeichen für eine wenig ausgeprägte Distanzierungsfähigkeit.

Muster Burn-out: Wer im Bereich „Burn-out" angekommen ist, zeigt meist nur mehr wenig Engagement, kann sich aber dennoch nicht von der Schule distanzieren. Meist münden die Krankheitsbilder von Lehrkräften diesen Musters in Depressionen oder psychosomatischen Störungen.

Distanzierungsfähigkeit als personale Kompetenz
Beim Betrachten der vorgestellten Verhaltensmuster zeigt sich schnell, dass vor allem das Muster Gesundheit das einzig erstrebenswerte ist. Dennoch finden sich in den meisten Kollegien Lehrkräfte, die sich auch den anderen Mustern zuordnen lassen. Doch warum ist dies so?
Natürlich tragen viele Faktoren wie die eigene Persönlichkeitsstruktur, Belastungen durch die Klasse und Dichte der Zusatzaufgaben ihren Teil dazu bei. Vor allem die

---

[2] vgl. dazu Schaarschmidt / Fischer (2001): Bewältigungsmuster im Beruf. Göttingen

Distanzierung vom Beruf ist für viele Lehrer ein Problem. Das hängt zum einen mit der eingangs besprochenen teilflexiblen Arbeitszeitenteilung zusammen, zum anderen aber auch mit dem Berufsbild des Lehrers als solches. Als Lehrer sollte man natürlich stets als gutes Vorbild vorangehen, immerhin ist man ein nicht zu unterschätzendes Verhaltensmodell für die Schülerschaft. Dieser Gedanke lässt sich für viele nur schwer mit der Vorstellung verbinden, sich auch ein Privatleben aufrechtzuerhalten.

Doch genau hier liegt der Hund begraben: Wer sich engagiert, benötigt auch Zeit, um sich zu regenerieren. Diesen Grundsatz solltest du dir von Anfang an als Leitsatz mit auf den Weg ins Berufsleben nehmen. Wer lange und erfolgreich in seinem Beruf tätig sein möchte – und davon gehen wir in deinem Fall einmal aus – der muss regelmäßig seinen Akku aufladen.

Gehen statt sprinten

Sich zwischen den Ferien total auspowern und in den Ferien abschalten ist dabei aber der falsche Ansatz. Vielmehr geht es darum, sich im Alltag nicht vom Stress einnehmen zu lassen: Versuche, zu gehen anstatt zu sprinten. Ein Sprint kann immer nur kurz durchgehalten werden und hat meist totale Erschöpfung zur Folge. Versuche deshalb, folgende Tipps zu beachten:

- Plane dir feste häusliche Arbeitszeiten ein: Was bis 18 Uhr nicht fertig ist, kann erst am nächsten Tag erledigt werden.

- Engagiere dich bei schulischen Projekten und Aktivitäten, die dich wirklich interessieren. Lehne dafür aber im Gegenzug auch Zusatzarbeiten ab, die dich zu sehr belasten würden und spreche mit deinen Vorgesetzten offen darüber.

- Trenne Arbeit und Freizeit: Unterricht vorbereiten und nebenbei TV-Sendungen zu schauen ist wenig produktiv und auf Dauer unbefriedigend. Arbeite auch zu Hause effizient.

- Plane wöchentliche Entspannungszeiten ein: Egal, ob es das regelmäßige Schaumbad am Mittwochabend oder der Besuch des Fitnessstudios am Donnerstag ist. Feste Termine mit verbindlichem Charakter erleichtern es dir, ein schlechtes Gewissen zu vermeiden.

- Halte Ordnung: Ordnung ist das halbe Leben. Organisiere deinen häuslichen Arbeitsplatz ordentlich und übersichtlich. Das spart Zeit und Nerven.

- Erledige unangenehme Arbeit sofort: Durch Aufschieben wird nichts besser. Versuche dennoch, deine eingeplanten Arbeitszeiten nicht zu überschreiten.

- Arbeite mit übersichtlichen To-Do-Listen: Bleibe dabei realistisch und ordne nach Priorität.

Versuche zudem immer wieder, dich selbst einem der vorgestellten Muster zuzuordnen. Solltest du das Gefühl haben, die Arbeit frisst dich auf und du bist der Meinung, selbst keinen Weg aus dem Stresskreislauf zu finden, suche den Kontakt zu deinen Ausbildern. Auch dein Schulleiter wird bestrebt sein, dich als gesunden Junglehrer aus dem Referendariat entlassen zu können und dir deshalb Entlastungsmöglichkeiten anbieten.

Anker setzen
Schon mit dem Tipp von festen Entspannungszeiten haben wir versucht zu verdeutlichen, welchen Stellenwert sogenannte Anker haben. Anker dienen dazu, dein Leben außerhalb des Berufs aufrechtzuerhalten: Freunde, Bekannte, Vereine, Feste, Reisen. All dies sind die Dinge, die das Leben letztendlich wirklich lebenswert machen. Natürlich soll dich auch dein angestrebter Beruf erfüllen, er soll allerdings deine Lebenszeit nicht komplett ausfüllen. Pflege deshalb auch in stressigen Zeiten deine sozialen Kontakte. Gerade in Prüfungszeiträumen ist dieser soziale Halt ein sehr wichtiges Element.

6.3 Ferien als Regenerationsquelle

„Als Lehrer hat man doch sowieso ständig Ferien!" – mit dieser Behauptung wirst du während deiner Berufslaufbahn öfter konfrontiert als dir wahrscheinlich lieb ist. Als Lehrer hat man somit nicht nur mit den ohnehin existenten Belastungen des beruflichen Alltags zu kämpfen, sondern sieht sich auch gängigen Vorurteilen seitens der Gesellschaft ausgesetzt. Und tatsächlich: Addiert man die Anzahl an Ferientagen, ergeben sich faktisch mehr freie Tage als in der Wirtschaft eigentlich üblich sind. Doch was steckt eigentlich hinter dieser Tatsache?

Ferien sind nicht gleich Ferien

Zunächst gilt es, eine eindeutige Begriffsabgrenzung vorzunehmen: Rechtlich werden die Ferien nämlich nicht als „Ferien" bezeichnet, sondern als „unterrichtsfreie Zeit". Zwar wird somit ausgeschlossen, dass in eben jener Zeit regulärer Unterricht stattfindet, jedoch lässt die Definition jede Menge Spielraum für andere Formen der insbesondere häuslichen Arbeit. Die Korrektur von Klassenarbeiten, das Festsetzen von Noten, die Organisation von Ausflügen oder Schullandheimen, die Planung von Projekten und die Vorbereitung des Unterrichts sind als Auswahl an Beispielen dieser häuslichen Tätigkeiten zu nennen. All diese Aktivitäten werden von Außenstehenden meist übersehen, da „frei zu haben" für die meisten Arbeitnehmer auch bedeutet, dass man tatsächlich frei hat und nichts für den Beruf erledigen muss. Bei dem Versuch, dies den Außenstehenden zu erklären, scheitert man zumeist an deren Vorstellungsvermögen, da sie mit dieser Form der häuslichen Arbeit oft nicht vertraut sind. Bei der Konfrontation mit provokativen Aussagen hinsichtlich der Ferien solltest du folglich versuchen, ruhig zu bleiben und solche Anspielungen nicht zu ernst nehmen.

Ferien effektiv nutzen

Auch wenn oftmals viel Arbeit auf dich wartet, solltest du in jeden Ferien versuchen, dir Auszeiten zu gönnen. Dein Körper sowie deine Psyche werden durch deinen Beruf (wenn auch möglicherweise unbewusst) teils enormen Belastungen ausgesetzt und aus diesem Grund benötigt jede Lehrperson die Ferien, um sich zu erholen und den eigenen Akku wieder aufzuladen. Am besten ist dies möglich, wenn du alle anstehenden Arbeiten entweder zu Beginn oder am Ende der Ferienzeit an einem Stück erledigst. Lege hierzu selbst einen vorgegebenen Zeitrahmen fest, innerhalb dessen die Arbeit abgeschlossen sein muss, damit du in der restlichen Ferienzeit vollständig abschalten kannst. Wenn du die Arbeit auf die gesamte Ferienzeit verteilst, so schwebt der Gedanke an die noch ausstehenden Tätigkeiten oftmals ähnlich eines Damoklesschwerts über dir und ein vollständiges Lösen vom beruflichen Alltagsstress ist beinahe unmöglich.

Viele Personen können auch nur dann Abstand vom beruflichen Alltag nehmen, wenn sie sich an einen anderen Ort als dem gewöhnlichen Wohnort begeben. Nutze also die freie Zeit für Unternehmungen, Ausflüge oder Urlaube. Auch Sport kann deinen Geist trotz physischer Anstrengung oft deutlich entlasten. Pflege in dieser Zeit zudem soziale Kontakte und verbringe die Zeit mit Freunden und Familie, denn häufig sind nicht-lehrende Personen aus deinem Umfeld der Schlüssel zum erfolgreichen Abschalten. Mit diesen wirst du in der Regel nämlich weniger über Schule sprechen als mit Personen aus derselben Berufsgruppe. Wie man am besten abschalten kann, muss schlussendlich jedoch jede Lehrperson für sich selbst herausfinden.

Auch Referendare brauchen Ferien

Das Gönnen von tatsächlich freier Zeit ist auch trotz der rechtlich eingeschränkten Definition der unterrichtsfreien Zeit (gerade) während des Referendariats aufgrund der dauerhaft präsenten Belastung (insbesondere hinsichtlich der Prüfungen) unumgänglich. Auch wenn das schlechte Gewissen dich plagen sollte, denke immer daran, dass du ein Mensch und keine Maschine bist. Und auch wenn du solch eine Menge an freier Zeit während des Schulalltags möglicherweise nicht gewöhnt bist, lass in den Schulferien auch endlich einmal die Maschine zum Menschen werden.

6.4 Umgang mit Fehlzeiten – Wer krank ist, ist krank

Eine laufende Nase, ein stechender Kopfschmerz, die Stimme kratzt wie im Gruselfilm: „Alles halb so wild und die paar Stunden werde ich schon irgendwie meistern!" Diese Gedanken werden dir im Laufe deines Berufswegs sicherlich immer wieder begegnen. Doch grundsätzlich solltest du dir bereits während des Referendariats folgenden Satz zu Herzen nehmen: Wer wirklich krank ist, sollte sich erholen und seine Krankheit zu Hause auskurieren! Du fragst dich nun sicher, wieso wir dieser scheinbar selbstverständlichen Tatsache ein ganzes Kapitel widmen. Die Antwort hierauf ist relativ simpel: Viele Lehrer in Deutschland schleppen sich auch völlig erschöpft und gesundheitlich angeschlagen in die Schule. Keuchende und hustende Pädagogen prägen das Bild des Lehrerzimmers und nur wenige scheinen über die Vernunft zu verfügen, zu Hause zu bleiben. Doch warum ist das insbesondere in der Berufsgruppe der Lehrer in diesem Maße verbreitet?

Der Kampf mit dem schlechten Gewissen
Lehrer arbeiten grundsätzlich in äußerst verantwortungsvollen Positionen. Sie verbringen einen Großteil ihrer Zeit damit, vor einer großen Menge an Schülern aufzutreten und stehen nahezu immer im Mittelpunkt. Sie sind dafür verantwortlich, die vom Bildungsplan geforderte Stoffmenge zu vermitteln und werden oft für das Nichterreichen von Kompetenzzielen verantwortlich gemacht. Dass in solch einer Position das schlechte Gewissen bei Fehltagen eine große Rolle spielt, ist somit nicht von der Hand zu weisen. Im Lehrerberuf spielen bei Fehlzeiten aber noch weitere Faktoren eine Rolle: Vertretungsstunden müssen geschaffen werden, Kollegen müssen möglicherweise ihre Freistunden opfern, die Klassenarbeit muss verlegt werden, das lang geplante Elterngespräch wird verschoben usw.
All diese Faktoren sorgen dafür, dass das schlechte Gewissen oftmals triumphiert und Lehrer sich auch gesundheitlich angeschlagen nicht den Mut haben, zu Hause zu bleiben. Dass solche Verhaltensweisen das Risiko auf dauerhafte gesundheitliche Probleme sowie Burn-out-Erscheinungen deutlich anheben, muss an dieser Stelle nicht explizit erläutert werden.

Gesundheit steht an oberster Stelle
Als Lehrer ist dein wichtigstes Gut deine Gesundheit und nur in gesundem Zustand kannst du deinem Beruf in dem Maße nachgehen, wie es von dir gefordert wird. Mit

Symptomen wie Halsschmerzen und Ähnlichem signalisiert dein Körper dir, dass er Ruhe benötigt und diese solltest du ihm auch verschaffen. Auch wenn es dir nicht immer einfach fallen wird: Versuche, dein schlechtes Gewissen zu beruhigen, indem du daran denkst, wie der Unterricht wohl aussehen würde, wenn du dich trotz massiver Krankheit ins Klassenzimmer schleppst. Zudem besteht natürlich das Risiko, andere Lehrer und auch Schüler anzustecken, was zu einer raschen Verbreitung der Krankheit und somit zu wesentlich massiveren Personalausfällen führen kann. Lass es also erst gar nicht so weit kommen, sondern nimm im Krankheitsfall den Telefonhörer in die Hand und informiere das Sekretariat bzw. die Schulleitung so früh wie möglich über deine Erkrankung. Kuriere dich anschließend in Ruhe aus und begib dich erst in vollständig genesenem Zustand wieder in die Schule.

Fehltage im Referendariat

Gerade während der Zeit des Referendariats ergeben sich oftmals Sorgen, dass das Schulleitergutachten sich u.a. auch anhand der Fehlzeiten zusammensetzt. Doch keine

Angst: Diese Sorge ist völlig unbegründet und selbst, wenn du über einen längeren Zeitraum fehlen solltest, kannst du noch immer die bestmögliche Note im Schulleitergutachten erhalten. Rechtlich betrachtet darf die Anzahl an Fehltagen keinerlei Einfluss auf das Gutachten nehmen, sondern kann höchstens zu einer Verlängerung der Ausbildungszeit bzw. Probezeit im Falle des Beamtentums und / oder zu einer (erneuten) amtsärztlichen Untersuchung führen. Solche Maßnahmen werden allerdings zumeist nur dann eingeleitet,

wenn sich die Fehlzeiten tatsächlich über mehrere Monate erstrecken.

Da es also auch von rechtlicher Seite keinerlei Bedenken geben sollte, bleibt als goldene Weisheit nur noch Folgendes festzuhalten: Wer krank ist, ist nun einmal krank.

6.5 Außenwirkung anhand sozialer Netzwerke

Soziale Netzwerke im Internet zählen weltweit mehrere Milliarden Mitglieder und etablierten sich als Mittel und Weg der Kommunikation sowie der Selbstdarstellung in der modernen Gesellschaft. Insbesondere im Jugendalter sind solche digitalen Netzwerke weit verbreitet und auch wenn die Nutzung dieser offiziell meist erst ab einem Alter von 14 Jahren gestattet ist, hindert dies einen großen Teil der Schüler natürlich nicht, sich mithilfe gefälschter Altersangaben dennoch anzumelden und die Funktionen des sozialen Netzwerks zu nutzen. Dieser Trend ist teils bereits bei Grundschulkindern auszumachen, während Nichtmitglieder in der Sekundarstufe ohnehin schnell Außenseiterpositionen einnehmen können.

Auch ein Großteil der Junglehrer nutzt soziale Netzwerke oder ähnliche Plattformen regelmäßig und da Schüler bekanntlich sehr neugierig sind, kann es früher oder später dazu kommen, dass ein Lehrerprofil von den Schülern entdeckt wird. Hierbei stellt sich nun die grundsätzliche Frage, ob diese Kommunikationsebene betreten werden soll oder nicht.

Viele Junglehrer nutzen soziale Netzwerke durchaus regelmäßig, um mit ihren Schülern in Kontakt zu bleiben. Die Gefahren dieser Nutzungsart liegen allerdings auf der Hand: Schüler erhalten einen oft zu tiefgreifenden Einblick in die Privatsphäre. Dies offenbart natürlich enorme Angriffsflächen und lässt eine grundlegend sinnvolle Distanz zwischen Lehrer und Schülern ins Wanken geraten. Als Pro-Argumente für die Kommunikation via sozialer Netzwerke könnte man natürlich aufführen, dass man den Kontakt zu den Schülern auch außerhalb der Institution Schule führen und pflegen kann. Ob dies allerdings notwendig ist, muss jeder Pädagoge für sich selbst und in Einklang mit den rechtlichen Regelungen des Bundeslandes entscheiden.

Wer trotz der Nutzung von sozialen Netzwerken den Kontakt zu den Schülern über eben jene Online-Plattformen generell vermeiden will, sollte ein paar Dinge beachten: Grundsätzlich gilt, dass man nie seinen echten Namen innerhalb sozialer Netzwerke verwenden sollte. Dies macht einen zur „leichten Beute" für Schüler und so häufen sich neue Kontaktanfragen schneller als einem möglicherweise lieb ist. Allerdings gilt es hier im Einzelfall durch einen Blick in die AGBs zu prüfen, ob die Nutzung eines Fantasienamens überhaupt gestattet ist. Des Weiteren ist darauf zu achten, kein Profilbild zu verwenden, auf dem die Lehrperson gut sichtbar zu erkennen ist. Oft spielt der Zufall eine tragende Rolle innerhalb dieser Netzwerke und so kann es passieren, dass den Schülern trotz Fantasienamens ein Foto des Lehrers auf der Liste der Freundschaftsvorschläge präsentiert wird. In diesem Fall hilft natürlich auch ein falscher Name nicht mehr weiter.

Egal, ob du nun den Kontakt zu den Schülern per sozialen Netzwerken pflegen möchtest oder nicht, eines solltest du immer berücksichtigen: Wähle Informationen und Bilder, die du online stellst, mit Sorgfalt aus und deaktiviere Software wie beispielsweise die Gesichtserkennung! Solltest du dies nicht beachten, könnte es dir möglicherweise ergehen wie einer Lehrerin in Baden-Württemberg: Diese pflegte die Freikörperkultur und wurde unfreiwillig während ihres Urlaubs an einem osteuropäischen Strand von einem örtlichen Anwohner fotografiert. Dieser stellte das Foto anschließend über ein soziales Netzwerk online und obwohl die Lehrerin zwar nur im Hintergrund des Bildes zu sehen war, wurde sie per Gesichtserkennung auf dem Foto markiert. Da sie mit vielen ihrer Schüler befreundet war, konnten diese das Foto natürlich umgehend betrachten. Die Auswirkungen dieses Vorfalls kann sich wohl jeder vorstellen.

Trotz aller Gefahren soll das mögliche Nutzen von sozialen Netzwerken insbesondere auch für den Unterricht nicht verleugnet werden. Per Web 2.0 in Form von interaktiven Blogs können zum Beispiel Hausaufgaben übermittelt werden. In den gesellschaftswissenschaftlichen Fächern bietet es sich ferner an, Diskussionen zu aktuellen Themen online zu führen. Die Nutzung solcher Plattformen kann aufseiten der Schüler zur Erhöhung der Motivation führen und entsprechende Webseiten sind für die Lehrperson meist schnell und einfach einzurichten. Bei der Nutzung solcher Angebote sollte man sich jedoch auch stets bewusst sein, dass solche eingerichteten Plattformen auch gepflegt werden müssen, um einen Missbrauch (z. B. für Mobbing) zu vermeiden. Die gesetzlichen Regelungen des Bundeslandes sind jeweils zu beachten.

Insgesamt muss jede Lehrperson selbst für sich entscheiden, ob und in welchem Maße sie soziale Netzwerke und das Web 2.0 im Allgemeinen nutzt. Trotzdem gilt es immer, sich der potenziellen Gefahren bewusst zu sein und bei einer Nutzung diesen Gefahren präventiv durch das Einhalten einiger grundsätzlicher Regeln entgegenzuwirken.

6.6 Entspannungstechniken

Wer auf dem Weg zu einem ausgeglichenen Leben ist und auch während stressiger Zeiten die innere Balance halten möchte, dem seien Entspannungstechniken empfohlen. Für viele ist bereits der Kinoabend oder der Hallenbadbesuch entspannend, denn auch diese Art der passiven Entspannung kann zu einem Zufriedenheitsgefühl führen. Doch bewusste und aktive Entspannung kann dabei noch tiefer greifen. Im Folgenden haben wir deshalb einige Techniken und Tipps zu deren Umsetzung zusammengestellt.

Die aktive Muskelentspannung

Diese Entspannungsmethodik geht auf den Arzt Edmund Jacobson zurück. Er entwickelte Mitte des 20. Jahrhunderts die Progressive Muskelrelaxation. Er ging davon aus, dass psychische, psychosomatische und physische Erkrankungen mit muskulöser Anspannung in Zusammenhang zu bringen seien. Ziel sollte daher die Lockerung angespannter Muskulatur und ein „Herunterfahren" des Nervensystems sein. In der Praxis kann die aktive Muskelentspannung vom Patienten selbst durchgeführt werden und bietet sich daher auch für Lehrer an. Nacheinander werden bestimmte Muskelgruppen angespannt und danach völlig entspannt. Mithilfe dieser kurzen (an die Muskelentspannung angelehnten) Übung kannst du diese Art der Entspannung selbst ausprobieren und ggf. bei einem Volkshochschulkurs weiter vertiefen!

> **Übung:**
> Suche dir eine lärmfreies und angenehmes Umfeld und eine gemütliche Liegefläche. Achte darauf, dass du während der Durchführung nicht gestört wirst. Entspannungsmusik kann dir helfen, loszulassen. Nimm dir für diese Übung mindestens zwanzig Minuten Zeit. Lege dich entspannt auf den Rücken und fühle, wie jedes deiner Glieder den Boden berührt. Spanne nun nacheinander folgende Muskelgruppen an, halte die Spannung kurz und entspanne sie ganz langsam. Versuche, den Entspannungszustand bewusst wahrzunehmen. Gehe dabei symmetrisch vor (erst die linke Hand, dann die rechte Hand. Dann folgt der linke Unterarm, dann der rechte Unterarm und so weiter).

1. Hand zur Faust ballen und entspannen.
2. Unterarm anspannen und entspannen.
3. Oberarm anspannen und entspannen.
4. Kiefer und Zähne vorsichtig zusammenpressen und entspannen.
5. Nacken anspannen und gegen die Liegeunterlage drücken und entspannen.
6. Augen zusammenkneifen und entspannen.
7. Schulterblätter auf die Unterlage pressen und entspannen.
8. Tief einatmen und die Wölbung des Brustkorbs halten und entspannen.
9. Beine anspannen (Bewegung wie beim „Drücken" gegen einen imaginären Boden) und entspannen.
10. Zehen in Richtung Gesicht neigen und entspannen.

Nach den Übungen solltest du noch einige Minuten liegen bleiben und die totale Entspannung deiner Muskulatur genießen. Vor allem in Zeiten von viel Stress kann regelmäßiges Üben eine wahre Wohltat sein.

Bewusste Atmung

Eine alte Weisheit besagt, ein Lebewesen verfüge lediglich über eine beschränkte Anzahl an Atemzügen. Lebewesen mit langsamerer Atmung seien so imstande, länger zu leben als Lebewesen mit schneller und hastiger Atmung. Ein bedachter Umgang mit dem „Atemkontingent" ist nach dieser Vorstellung folglich elementar. Egal, ob man dieser Weisheit folgt oder hektische und flache Atmung lediglich als Indikator für Stress sieht: Das Gefühl, total abgehetzt zu sein und kaum noch Luft zu bekommen, kennt wohl jeder. Die Atmung fühlt sich dabei meist flach und schnell an – ein sehr unangenehmes Gefühl, denn der Körper ist in Alarmbereitschaft. Gerade die Atmung ist ein Anzeichen für den Spannungs- oder Entspannungszustand eines Lebewesens. Doch sie ist nicht nur ein Spiegel des Inneren, sondern ist auch dazu fähig, das Wohlbefinden enorm zu beeinflussen. Durch langsame und tiefe Atmung ist es möglich, das Nervensystem zu beruhigen, in stressigen Situationen klare Gedanken zu fassen und zur Ruhe zu kommen.

Wichtig dabei ist, bewusst zu versuchen, die flache Brustatmung in eine Bauchatmung umzuwandeln.

> **Übung:**
>
> Setze dich aufrecht hin oder nimm eine liegende Position ein. Achte auf einen ruhigen Ort zur Durchführung der Übung. Wenn du die Kontrolle über deine Atmung gewonnen hast, kannst du diese Übung auch im Alltag wunderbar integrieren.
>
> 1. Schließe deine Augen.
> 2. Atme tief durch den Mund ein, sodass sich deine Bauchdecke wölbt.
> 3. Halte die Luft kurz in deiner Lunge, zähle dabei gedanklich auf vier.
> 4. Atme die Luft langsam und bewusst durch die Nase aus. Atme negative und belastende Gedanken förmlich mit der Luft aus dir heraus.
>
> Wiederhole den Vorgang mehrere Minuten, bis du das Gefühl hast „geerdet" zu sein.

Weitere Entspannungstechniken

Auch Tätigkeiten wie Yoga, Tai Chi oder Autogenes Training sind weit verbreitete Zugänge zu tiefer Entspannung. Die Möglichkeiten des Erlernens reichen von Do-it-yourself-CDs und DVDs bis hin zu Gruppenkursen und Einzelsitzungen. Es empfiehlt sich aber generell, die Techniken unter professioneller Anleitung zu erlernen, da dies im Regelfall am wirkungsvollsten ist. Meist können die Techniken nach einmaligem Erlernen (bei autogenem Training in der Regel maximal zehn Wochen) in Eigenregie angewandt werden.

Die Fähigkeit, sich durch bestimmte Techniken aktiv entspannen zu können, kann in Zeiten hoher Belastung eine nicht zu unterschätzende Gabe sein und sollte auf jeden Fall dem verfrühten Griff nach Psychopharmaka oder gar sedierender Stoffe vorgezogen werden. Ein gesunder Weg zur Entspannung ist immer noch der effektivste und nachhaltigste!

7 Prüfungen

7.1 Unterrichtsbesuche als Prüfungsvorbereitung

Ja, auch Referendare bekommen Besuch: Und zwar von den eigenen Ausbildern. Mehrmals pro Fach wirst du im Rahmen deines Vorbereitungsdienstes Besuch von deinen Ausbildern bekommen: (Beratender) Unterrichtsbesuch ist das Stichwort, welchem wir uns in diesem Teilkapitel widmen wollen. Viele Referendare sehen den meist weit im Vorfeld vereinbarten Unterrichtsbesuchsterminen oft mit zitternden Knien entgegen, scheinen sie doch schon eine Art „kleine Lehrprobe / Prüfungsstunde" zu sein. Doch warum eigentlich so negativ an die beratenden Unterrichtsbesuche herangehen? Die innere Einstellung macht's und so solltest du diese Chance, deinen Unterricht kompetent beurteilt zu bekommen, nutzen. Es steht nämlich keine Note am Ende eines Unterrichtsbesuchs an, sondern meist nur eine mündliche Beratung, gegebenenfalls noch ein Beratungsprotokoll mit Zielvereinbarungen.

Vorbereitungen treffen

Doch wer besucht eigentlich deinen Unterricht? Meist wohnt dein Ausbilder in Begleitung mit deinem Schulleiter oder dessen Stellvertretung deinem Unterricht bei. Der Mentor kann mit eingebunden werden, in einigen Bundesländern besucht dich auch das ganze Seminar, die Handhabung differiert deutschlandweit. Kläre die Anzahl deiner Gäste ab und sorge für Sitz- und Schreibmöglichkeiten im hinteren Teil des Klassenzimmers. Gerade in der Grundschule ist darauf zu achten, Stühle und Tische mit entsprechenden Proportionen bereitzustellen. Kontrolliere, ob man von diesem Platz aus eine gute Sicht auf die Klasse und die von dir verwendeten Medien, wie die Tafel oder das Whiteboard, hat. Im Prinzip ist auch diese Vorbereitungsarbeit schon ein Training auf die Lehrprobe / Prüfungsstunde. Vielleicht lässt sich in Kooperation mit dem Sekretariat auch ein kleiner Snack, wie Butterbrezeln mit Kaffee, für das Beratungsgespräch organisieren, welches sich an die gehaltene Stunde anschließt. Zudem muss für dieses Gespräch ein geeigneter Raum gefunden werden. Das Klassenzimmer bietet sich meist nicht an, da Unterrichtsbesuche nicht zwangsläufig am Stundenplanrand liegen müssen.

Kommt das ganze Seminar zu Besuch, dann solltest du im Vorfeld einen entsprechend großen Raum organisieren und diesen für diesen Tag reservieren. Kontrolliere alle Materialien und alle im Unterricht verwendeten Medien im Voraus noch einmal auf ihre Funktionstüchtigkeit, denn dies erspart peinliche Momente. Erkundige dich zudem, ob den Besuchern im Vorfeld neben der Unterrichtsskizze auch ein ausführlicher didaktischer Entwurf per E-Mail zugesandt werden sollte.

Wahl des Unterrichtsinhalts

Wähle das Thema deiner Sequenz in Einklang mit deinem Stoffverteilungsplan und im Hinblick auf didaktisch-methodische Vielfältigkeit. Ebenso wie in einer Lehrprobe / Prüfungsstunde geht es bei einem Unterrichtsbesuch vor allem darum, ein breites methodisches Repertoire zu präsentieren. Neben unterrichtstechnischem Geschick stehst aber auch du als Lehrerpersönlichkeit im Fokus der Beobachtung. Achte bei der Wahl deiner Stunde auf innere Geschlossenheit der Thematik. Bei Schulen, die mit offener Planarbeit oder nach Kompetenzrastern arbeiten, empfiehlt es sich, den Besuchern Einblick in die individuelle Beratungstätigkeit und bereitgestelltes Material zu geben – auch dies bietet im Sinne einer neuen Lernkultur viele Anknüpfungspunkte für eine differenzierte Beratung.

Beratungsgespräch im Anschluss an die Unterrichtsstunde

Im Normalfall hast du nach einer Unterrichtsstunde kurz Zeit, deine Materialien aufzuräumen. Nutze diese Zeit, dir Gedanken über den Unterricht zu machen:
- Was lief zu deiner Zufriedenheit?
- Was lief anders als erwartet? Wo könnten die Gründe dafür liegen?

Im anschließenden Gespräch wirst du Zeit haben, dich bezüglich deiner Unterrichtsstunde zu äußern, bevor die Ausbilder und, wenn anwesend, die Seminarkollegen das Wort in die Hand nehmen und dich beraten. Zumeist werden am Ende dieser Beratungsgespräche Zielvereinbarungen ausgehandelt, die du bis zum nächsten Unterrichtsbesuch in die Tat umsetzen solltest. Der Unterrichtsbesuch ist also eine extrem nützliche Vorbereitung auf dem Weg zur erfolgreichen Lehrprobe / Prüfungsstunde: Betrachte ihn als Chance und nicht als Last.

7.2 Die Lehrprobe / die Prüfungsstunde

Kaum ein Tag wird unter angehenden Lehrern so gefürchtet wie der Tag der Prüfungslehrprobe / der Prüfungsstunde. Horrorgeschichten über unzähmbare Klassen,
unfaire Prüfer und sonstige Schreckensszenarien kreisen im Vorfeld der Prüfung in den
Köpfen der Referendare. Doch auch hier gilt wie so oft: Hunde, die bellen, beißen
nicht. Dementsprechend sollte die Prüfungslehrprobe / die Prüfungsstunde durchaus
als Herausforderung, nicht allerdings als utopische Hürde angesehen werden. Um dir
einen Überblick über den Tag X im Leben von Referendaren zu verschaffen, haben wir
alle wichtigen Informationen rund um das Thema Lehrprobe / Prüfungsstunde in
diesem Kapitel zusammengefasst.

Vorbereitung

Grundsätzlich beginnt die Arbeit für die Lehrprobe / Prüfungsstunde nicht erst am Tag
der Prüfung selbst. Die Planungen beginnen bereits mehrere Monate oder Wochen
vorher. Im Vorfeld gilt es hierzu den zu bewertenden Unterricht vorzubereiten sowie
in Form eines Unterrichtsentwurfs auszuformulieren. Des Weiteren muss ein detaillier-
ter Stoffverteilungsplan erstellt und sonstige organisatorische Dinge, wie beispielsweise Raumreservierungen, vorgenommen werden. Damit du bei der Masse an
Tätigkeiten nicht den Überblick verlierst, haben wir alle wichtigen Punkte in Form
einer Checkliste zusammengestellt, die im Anhang zu finden ist.
Nun aber zur Lehrprobe / Prüfungsstunde selbst: Abhängig vom Bundesland und der
jeweils geltenden Prüfungsordnung erhältst du vor deiner Prüfungslehrprobe / Prüfungsstunde die Ankündigung für diese. Innerhalb dieser Zeit gilt es nun also, die
Lehrproben / Prüfungsstunden abschließend und in allen Details vorzubereiten. Das
schließt sowohl die schriftliche Vorbereitung der Stunden sowie die Erstellung von
Materialien und die Gestaltung des Klassenzimmers mit ein.

Die Prüfungskommission

Etwa eine halbe Stunde vor Beginn der zu bewertenden Unterrichtsstunde treffen in
der Regel die Prüfer ein, die sich in ein leeres Klassenzimmer oder falls vorhanden in
ein Besprechungszimmer begeben. Dieses solltest du im Vorfeld ebenfalls reservieren,
alle für die Prüfung notwendigen Formalitäten bereitlegen und möglichst für Getränke
und einen kleinen Snack sorgen. An einigen Schulen ist es üblich, sogar ein kleines
Büfett für die Prüfungskommission bereitzustellen. Bis zum Beginn der Prüfungs-

stunde / Lehrprobe benötigen die Prüfer nun Zeit, um deinen Unterrichtsentwurf noch einmal zu lesen und natürlich auch sämtliche geforderten Formalitäten zu prüfen. Trotzdem solltest du in dieser halben Stunde zumindest kurz die Arbeit der Prüfer unterbrechen, um dich vorzustellen. Wie so oft zählt der erste Eindruck und so kann bereits einfacher Smalltalk das Eis brechen und den Grundstein für ein positives Verhältnis sowie einer positiven Einstellung dir gegenüber schaffen. Frage die Prüfer beispielsweise, wie ihre Anreise verlief. Achte allerdings auch darauf, dass der Begriff Smalltalk nicht seine Bedeutung verliert: Frage also zum Beispiel auf keinen Fall nach ihrem Eindruck von der Stundenplanung. Dies signalisiert Unsicherheit und die Prüfer haben ohnehin die Anweisung, im Vorfeld keine Wertung der Stunde vorzunehmen. Nach kurzer Vorstellung begibst du dich nun am besten an einen Ort, an dem du ungestört noch einmal tief durchatmen und dich innerlich vorbereiten kannst. Wo dies am besten möglich ist, hängt natürlich von den individuellen Vorlieben ab. Manche Menschen können unter dem Beisein von Kollegen relaxen, andere wiederum benötigen Ruhe und möchten bestenfalls ungestört sein.

Die letzten Minuten vor der Lehrprobe / Prüfungsstunde

Circa zehn Minuten vor Stundenbeginn begibst du dich schließlich ins Klassenzimmer, um zu überprüfen, ob sämtliche Materialien und Medien noch planungsgemäß bereitstehen. Bei rechtzeitiger Anwesenheit kannst du auch sicherstellen, dass die den Raum betretende Klasse nichts an den Materialien verändert.

Im Vorfeld solltest du übrigens entweder einen Kollegen oder die Schulleitung darum bitten, die Prüfer rechtzeitig zum Klassenzimmer zu begleiten, da diese in der Regel nicht mit dem Raumplan der Schule vertraut sind. Alternativ oder ergänzend dazu solltest du den Raum ausschildern, damit die Kommission ihn auch ohne Schulleitung oder Kollegen finden kann. Unmittelbar vor Beginn der Stunde betreten schließlich auch die Prüfer den Klassenraum und nach einer kurzen Begrüßung und Vorstellung der Prüfungskommission kann der Unterricht dann losgehen.

Reflexion der Stunde

Auch wenn es nur schwer vorstellbar ist: Die Prüfungslehrprobe / die Prüfungsstunde wird wie im Fluge vergehen und kaum hat die Stunde begonnen, so wird sie auch bereits wieder durch die Pausenglocke beendet. Nach der Stunde begeben sich die Prüfer meist unmittelbar zurück ins Besprechungszimmer, während du generell Zeit erhältst, die Stunde in Gedanken nochmals Revue passieren zu lassen. Überlege dir, welche Dinge gut gelaufen und welche Dinge während der Stunde möglichweise zu optimieren sind. Hierzu kannst du dir auch gerne Notizen machen, denn bei all der Aufregung vergisst man schnell ein vielleicht wichtiges Detail. Entwerfe gedanklich für nicht optimal gelaufene Phasen oder Methoden bereits Alternativen, welche du präsentieren kannst. Ist dies geschehen und sind all deine Gedanken geordnet, so begib dich zu den Prüfern und reflektiere nun kritisch die gehaltene Stunde. In manchen Bundesländern finden alle Prüfungen an einem Tag statt. Du erhältst dann am Ende der beiden Prüfungsstunden Zeit zur Nachbereitung der Stunden und gehst danach in die Reflexion mit der Prüfungskommission. Sei übrigens nicht überrascht, falls die Prüfer nicht auf deine Aussagen reagieren. Dies hat nichts mit dir oder deiner Stunde zu tun: Die Prüfer sind lediglich dazu angewiesen, deine Ausführungen unkommentiert stehen zu lassen.

Das fachdidaktische Kolloquium

Schlussendlich beginnt die letzte Phase der Prüfungslehrprobe / Prüfungsstunde: Die mündliche Prüfung. Im Zeitrahmen einer halben Stunde wirst du hierbei zu in den Seminarveranstaltungen besprochenen fachdidaktischen Inhalten geprüft. Dabei ist es nicht notwendig, diese mündliche Prüfung in ein Frage-Antwort-Gespräch zu verwandeln. Vielmehr können hier fruchtbare Unterhaltungen hinsichtlich der Planung und Gestaltung von Unterricht, der Wahl bestimmter Methoden oder auch pädagogischer Routinen entstehen. Trotzdem bilden die im Seminar behandelten Inhalte natürlich die Grundlage für dieses Gespräch. Die grundlegende Frage, die sich jeder Prüfer nämlich stellt, ist: Hat die mir gegenüber sitzende Person das Zeug zum zukünftigen Lehrer? Dies muss übrigens nicht bedeuten, allen Behauptungen der Prüfer reumütig zuzustimmen. Bist du dir deiner Sache sicher, so ist es durchaus möglich, den Prüfern zu widersprechen. Dies solltest du allerdings wirklich nur dann tun, wenn du deinen Standpunkt sinnvoll begründen kannst.

Das Urteil

Nach dem Prüfungsgespräch und / oder des Kolloqiums wirst du in der Regel gebeten, den Prüfungsraum zu verlassen und dich in der Nähe und gut erreichbar aufzuhalten. Während dieser Wartezeit besprechen die Prüfer sowohl die Eindrücke aus der Unterrichtsstunde (jedoch kann dies auch oftmals bereits unmittelbar nach der gehaltenen Stunde geschehen) als auch aus der mündlichen Prüfung. Sie legen deine Note fest und bitten dich anschließend erneut in den Prüfungsraum, um dir deine

Prüfungsnote mitzuteilen. Auf Wunsch wird die Prüfungsnote auch begründet, was durchaus sinnvoll sein kann, um die Wertung besser nachzuvollziehen.

Anschließend verabschieden sich die Prüfer von dir und du hast es endlich geschafft! Du hast den Tag X gemeistert und kannst unglaublich stolz auf dich sein.

7.3 Bewährte Methoden

Die Klingel läutet, die Pause ist vorüber und die Prüfungslehrprobe / Prüfungsstunde beginnt. Als geografisches Thema steht die Rodung des tropischen Regenwalds auf dem Plan. Der Lehrer begrüßt die Schüler und legt anschließend einen 30-minütigen Lehrfilm in den DVD-Spieler, um den Schülern die Auswirkungen des Natureingriffs in visuell bewegten Bildern zu vermitteln. Nach Ende des Films hält die Lehrperson schließlich noch einen zusammenfassenden Vortrag und die Stunde wird durch die Pausenglocke beendet.

Trotz des nicht abzustreitenden Potenzials des Films lautet das Urteil für den Prüfling aufgrund der fehlenden Methodenvariation „durchgefallen". Damit dir dies nicht passiert, möchten wir eine Auswahl an Arbeitsformen und Methoden vorstellen, welche für die anstehende Lehrprobe / Prüfungsstunde gewiss mehr Potenzial bieten als die einleitend beschriebene. Zwar besteht keinesfalls ein Patentrezept zur erfolgreichen Gestaltung einer Prüfungsstunde, jedoch existieren sicherlich einige Methoden, die von den Prüfern durchaus gerne gesehen werden. Diese sollen in einer Übersicht kurz vorgestellt werden, wobei wir hiermit keinesfalls den Anspruch auf Vollständigkeit erheben.

Freiarbeit / Lerntheke

Im Zuge der zunehmenden Bedeutung von Kompetenzen wie Selbstorganisation und Selbstverantwortung aufseiten der Schüler gehören Freiarbeitsphasen zum gängigen Planungsrepertoire des heutigen Lehrers. Dies bedeutet keinesfalls, dass eine komplette Stunde sich nur aus dieser Arbeitsform zusammensetzen sollte, jedoch können einzelne Phasen der Unterrichtssequenz durchaus auf diese Weise gestaltet werden. So kann die Erarbeitungsphase beispielweise durch das Einrichten einer Lerntheke strukturiert sein, in der die Schüler selbstständig vom Lehrer vorgefertigte Materialien nutzen und sich geforderte Inhalte eigenständig erarbeiten. Im Anschluss an solche Freiarbeitsphasen können oft lästige Ergebnisbesprechungen durch das Anfertigen von

Lösungsblättern umgangen werden. Es ist somit Aufgabe der Schüler, in einem vorgefertigten Zeitrahmen bestimmte Arbeitsaufträge abzuschließen und deren Richtigkeit mithilfe der vom Lehrer bereitgestellten Lösungsblätter selbst zu kontrollieren. Du solltest bei der Zusammenstellung der Aufgaben jedoch darauf achten, dass die Kernziele der Stunde von allen Schülern (also auch von den langsamer arbeitenden) erreicht werden. Halte die hierzu dienenden Arbeitsaufträge also besser in überschaubarem Umfang und biete den schnellen Schülern anhand von Zusatzaufgaben die Möglichkeit, am Thema weiterzuarbeiten (quantitative Differenzierung).

Stationenarbeit

Dem Prinzip der Freiarbeit folgend setzt auch die Stationenarbeit den Schwerpunkt auf zu vermittelnde Kompetenzen wie Selbstständigkeit und Selbstorganisation. Eine sinnvolle Stationenarbeit bedarf allerdings einer umfangreichen Vorbereitung durch die Lehrperson. Im Vorfeld ist es hierzu nötig, Tische in Form von Lernstationen zusammenzustellen und auf diesen möglichst abwechslungsreiche Arbeitsmaterialien zu einem bestimmten Themengebiet vorzubereiten. Die Schüler erhalten zu Beginn der Arbeitsphase einen Laufzettel, auf dem sie vermerken, welche Lernstationen sie bereits erfolgreich absolviert haben. Während der Arbeitsphase selbst bearbeiten die Lernenden Arbeitsaufträge an den verschiedenen Stationen, wobei stets nur eine begrenzte Anzahl an Personen pro Station aktiv ist. Nach einer begrenzten Zeitspanne wechseln die Schüler (anhand einer festgelegten Reihenfolge) die Stationen, um bis zum Ende der Unterrichtsstunde möglichst alle Lernstationen aufgesucht und sämtliche Arbeitsaufträge abgeschlossen zu haben.

„Hummeln"

Der Begriff des „Hummelns" bezieht sich keineswegs auf die wortgleiche Insektengattung, sondern nimmt Bezug auf das Befruchten verschiedener Fragestellungen. Hierzu werden im Raum mehrere Tische so zusammengestellt, dass ein problemloses Umlaufen dieser noch möglich ist. In die Mitte dieser Tischgruppe werden Plakate gelegt, auf welchen jeweils eine von der Lehrperson formulierte zentrale Fragestellung geschrieben steht. Die Schüler bewegen sich nun im Klassenzimmer und nehmen schriftlich anhand von Notizen bzw. Kommentaren Stellung zu den verschiedenen Fragestellungen. Diese Stellungnahmen können anschließend erneut von anderen Schülern schriftlich kommentiert werden. Während dieser Phase sollte möglichst nicht gesprochen werden. Im Anschluss daran können die Ergebnisse der verschiedenen

Plakate im Plenum präsentiert und besprochen werden. Die Methode des „Hummelns" eignet sich insbesondere für Einstiegsphasen, um einen Überblick über die Themenstellung zu erhalten und alle Schüler aktiv mit einzubeziehen. Darüber hinaus wird durch die Bewegungsfreiheit eine lebendige Lernatmosphäre geschaffen, wobei allerdings eine innerhalb der Klasse herrschende Grunddisziplin unverzichtbar ist.

Think-Pair-Share

Die Methode des Think-Pair-Share ist insbesondere in höheren Klassen der Sekundarstufe einzusetzen und bildet eine Mischung aus Partner- und Einzelarbeit. Wie der Name bereits andeutet, setzt sich diese Methode aus drei zeitlich begrenzten Phasen zusammen. Während der Think-Phase machen sich die Schüler in Einzelarbeit zu einem bestimmten Thema Gedanken bzw. bearbeiten selbstständig einen bestimmten Arbeitsauftrag. In der anschließend folgenden Pair-Phase diskutieren sie nun ihre Überlegungen bzw. Ergebnisse mit ihrem Sitznachbar, um auch dem sozial-kommunikativen Aspekt gerecht zu werden. Schließlich werden die Ergebnisse aus der Partnerarbeit im Plenum vorgestellt und können hier nochmals von allen Schülern der Klasse diskutiert werden (Share-Phase). Gerade als Einstieg in bestimmte Themengebiete eignet sich diese Methode durchaus, um beispielsweise ein Brainstorming abwechslungsreicher zu gestalten. Die Lehrperson nimmt innerhalb dieser Methode eine eher passive Rolle ein und sollte sich darauf beschränken, Phasenwechsel auditiv oder visuell anzukündigen.

Placemat

Ähnlich des Think-Pair-Share-Modells verfolgt auch die Methode des Placemats insbesondere sozial-kommunikative Ziele. Hierzu finden sich die Schüler in Kleingruppen zusammen (bestenfalls vier Schüler pro Gruppe) und machen sich jeweils einzeln zu einem bestimmten Thema bzw. zu einer bestimmten Fragestellung Gedanken. Diese Gedanken werden anschließend in ein vorgefertigtes Raster, dem Placemat (siehe Anhang) eingetragen (und zwar in die äußeren Felder). Anschließend stellen die einzelnen Gruppenmitglieder ihre Ergebnisse innerhalb der Gruppe vor, um sich folgend auf die wichtigsten Stichpunkte zu einigen. Als Abschluss werden diese in das zentrale Feld des Placemats eingetragen und können zu einem späteren Zeitpunkt im Plenum präsentiert werden.

Wie du siehst, existieren durchaus einige Methoden, die für eine Prüfungslehrprobe / Prüfungsstunde in Frage kommen könnten. Zwar hat jede dieser Methoden
durchaus ihre Berechtigung, jedoch lässt sich auch festhalten, dass es oftmals die
adäquate und somit der Situation angepasste Mischung macht. Die Prüfer achten in
der Regel darauf, dass der angehende Lehrer über ein Repertoire an verschiedenen
Methoden und Arbeitsformen verfügt und somit flexibel handeln kann. Dies bedeutet
jedoch nicht, dass du in einer Lehrprobe / Prüfungsstunde ein zwanghaftes Methoden-
feuerwerk durchführen solltest. Generell werden je nach Gegebenheit zwei bis drei
verschiedene Methoden innerhalb einer Schulstunde als sinnvoll erachtet. Wähle also
jene Methoden aus, welche du für das Stundenthema als passend erachtest und
welche der Klasse vertraut sowie ohne größere Schwierigkeiten durchführbar sind.

7.4 Mündliche Prüfungen

„Oh nein, nicht schon wieder nur sture Paukerei", wirst du dir jetzt sicherlich denken.
Doch auch während des Referendariats finden nicht nur praktische Prüfungen in Form
von Lehrproben / Unterrichtsbesuchen und Projekten statt, sondern auch mündliche
Prüfungen. Diese unterscheiden sich jedoch von universitären Prüfungen, die du aus
dem Studium kennst. In diesem Kapitel wollen wir dir den Charakter diese Art
mündlicher Prüfung kurz erläutern, dir Vorbereitungstipps geben und die Angst vor
der konkreten Prüfungssituation nehmen.

Theorie als Basis für die Praxis
Je nach Bundesland wirst du an unterschiedlichen Gelenkstellen deines Vorbereitungsdienstes auf mündliche Prüfungen stoßen, die mit einer Note zensiert werden und die
Bezeichnung „Kolloquium" tragen. Dies ist beispielsweise im Anschluss an Prüfungs-
lehrproben / Projektstunden oder Projektprüfungen der Fall. Auch die Materie des
Schulrechts und der Allgemeinen Pädagogik wird derzeit meist in Form einer mündlichen Prüfung erhoben.
Ein Studium ist – vor allem an Universitäten – meist sehr theoriegeleitet und wissen-
schaftsorientiert. Prüfungen ähneln im schlechtesten Falle einem Frage-Antwort-Spiel
ohne Verknüpfungstendenzen. Doch egal, welche Erfahrungen du während deines
Studiums gemacht hast, im Referendariat ist eine Prüfung generell etwas praktischer
ausgelegt.

In den einzelnen fachdidaktischen Veranstaltungen, Schulrecht und Pädagogik werden eure Ausbilder mit euch in den Seminarsitzungen diverse Themenblöcke erarbeiten. Die Inhalte variieren je nach Ausbilder, Seminarstandort und Interessen der Referendare. Generell wird hier theoriebasiertes Wissen, welches vor allem im Fachbereich Pädagogik schon aus dem Studium ein Begriff sein sollte, mit Schul- und Unterrichtspraktischen Fallbeispielen verknüpft und veranschaulicht.

Auch im Rahmen einer Prüfung ist es daher wichtig, theoretische Modelle oder rechtliche Vorschriften zu kennen und sie als Basis für das eigene Handeln zu nutzen. Ein isoliertes wortgenaues Detailwissen in dem Sinne, dass man sich mithilfe von sturem „Auswendiglernen" aneignen kann, ist in diesem Fall pure Zeitverschwendung. Lege bei den Vorbereitungen deinen Fokus darauf, einzelne Theoriekonstrukte mit Beispielen aus deiner Schulpraxis zu untermauern: Das ist zum einen eine gedankliche Stütze und beweist zum anderen verknüpftes Denken. Typische Fragen eines Kolloquiums im Bereich der Pädagogik könnten sein:

- Wie gehen Sie mit Unterrichtsstörungen um?
- Wie kann man sich bei Störungen die Lerntheorie zu Nutze machen?
- Welche Modelle der Gesprächstheorie kennen Sie?
- An welchen Kriterien würden Sie guten Unterricht manifestieren?
- Was bedeutet der Kompetenzbegriff in Bezug auf den Unterricht?
- Welche Formen der Gewalt können im schulischen Bereich auftreten? Wie würden Sie damit umgehen?
- Was ist unter ADS zu verstehen? Wer darf diese Diagnose stellen?
- Was sind Ihrer Meinung nach zentrale Elemente erfolgreicher Elternarbeit?

Im Regelfall orientieren sich die Prüfer an den Inhalten der Seminarsitzungen. Versichere dich hier noch einmal rechtzeitig, denn die thematische Eingrenzung kann sehr zeitsparend sein. Doch sei unbesorgt: Die Fähigkeit, erlebte Situationen mit Theoriewissen in Beziehung zu bringen wird bei dieser Form der Prüfung als höhere Fähigkeit eingestuft, als auswendig gelernte Modelle zu „predigen". Zudem erinnert die Form der Prüfung weit mehr an ein Gespräch mit nahezu gleichberechtigten Gesprächspartnern, als es noch in deiner Hochschulzeit der Fall war.

Das Kolloquium – alles halb so wild

Nun ist er da, der Tag des Kolloquiums. Und meist ist es vielmehr die Ungewissheit als der eigentliche Inhalt, welcher für schlaflose Nächte und Magengrummeln sorgt. Aus diesem Grund halten wir es für sinnvoll, die konkrete Prüfungssituation kurz zu schildern. Die Prüfung wird meist von zwei bis drei Personen abgehalten: Darunter sind mindestens ein Prüfer und ein Prüfungsvorsitzender, welcher den korrekten Ablauf und zeitlichen Umfang der Prüfung überwacht und protokolliert. Prüfer sind zumeist auch Ausbilder an deinem Seminar, was den meisten Prüflingen bereits viel Angst nimmt.

Der Prüfungsvorsitzende stellt dir eventuell noch ein paar kurze Fragen, bevor er die Prüfung für eröffnet erklärt. Während der Prüfung leitet meist der Prüfer das Gespräch und der Vorsitzende führt Protokoll. Sei jedoch nicht verunsichert, wenn auch dieser eine Frage stellt oder neue Impulse für das Gespräch liefert. Versuche, während des Gesprächs möglichst viele eigene Impulse und Anknüpfungspunkte zu bieten. Die meisten Prüfer gehen gerne darauf ein. Wenn du eine Frage nicht verstanden hast, nutze die Möglichkeit, dich rückzuversichern oder den Prüfer um eine neue Frageformulierung zu bitten. Antworte dabei stets bedacht, nicht überstürzt und habe immer die Schulpraxis im Hinterkopf.

Nach dem vereinbarten Zeitraum (meist 15 bis 30 Minuten) beendet der Prüfungsvorsitzende die Prüfung offiziell und führt dich aus dem Raum. Nun kommt die wohl angespannteste Phase der Prüfung: Die Wartezeit zur Noteneröffnung. Im Regelfall wird dir die erworbene Note direkt im Anschluss an das Kolloquium eröffnet. Prüfer und Prüfungsvorsitzender einigen sich dabei auf eine Ziffernnote mit schriftlicher Begründung. Dieser Vorgang kann gut und gerne zehn Minuten oder sogar länger dauern. Nach dieser Zeit wird dich der Prüfungsvorsitzende erneut hereinbitten und dich fragen, ob du deine Note eröffnet haben möchtest. Solltest du deine Note eröffnet bekommen, kannst du auch die dazugehörige Begründung einfordern.

Kolloquium im Anschluss an Lehrproben / Prüfungsstunden

Auch im Anschluss an Lehrproben / Prüfungsstunden findet in einigen Bundesländern ein Kolloquium statt. Ausgehend vom dargebotenen Unterricht werden hier fachdidaktische und pädagogische Fragestellungen aufgegriffen. Die eigene Unterrichtssequenz ist dabei oft Themenspender und kann in der Vorbereitungsphase auch auf pädagogische und fachdidaktische Fragestellungen abgeklopft werden. Der Prozedere dieses Kolloquiums entspricht jenem der restlichen Kolloquien und macht aus diesem Grund übertriebene Panik überflüssig.

7.5 Tipps für Präsentationen

Immer wieder können dir im Laufe deines Referendariats Präsentationen begegnen. Sei dies im Rahmen einer Seminarveranstaltung oder gar – bundeslandspezifisch – als Präsentationsprüfung, deren Note zu deinem Abschlusszeugnis zählt. Die meisten Referendare haben mit Präsentationen kaum Probleme. Das hat mehrere Gründe: Erstens werden diverse Präsentationsformen bereits während des Hochschulstudiums regelmäßig gefordert und zweitens neigt die Lehrerpersönlichkeit im Regelfall dazu, keine Scheu vor Publikum zu haben. Dennoch erachten wir es als wichtig, kurz auf Präsentationen einzugehen und dir einige wertvolle Tipps mit auf den Weg zu geben.

Analyse des Inhalts und des Zielpublikums
Zu Beginn jeder Vorarbeit sollte die genaue Betrachtung des späteren Publikums stehen. Ähnlich wie im Unterricht, gilt es herauszufinden, wer die Hörerschaft sein wird. Sprich: Warum sind die Hörer beim Vortrag anwesend? Welche Vorkenntnisse hat die Hörerschaft?
Ein Vortrag vor einer Prüfungskommission sollte daher einen anderen Fokus erhalten als der Vortrag vor Referendaren.
Wichtig ist es zudem, sich den eigenen Zielen der Präsentation bewusst zu werden: Möchtest du also eher breitgefächert möglichst viele Silhouetten eines Themas abdecken, solltest du anders vorgehen als bei einem Vortrag, welcher sich auf ein Teilgebiet eines Themas spezialisiert.
Folgendes sollte daher im Vorfeld der Präsentation gelten: Werde dir des Themas und der Hörerschaft bewusst und versuche, beides in Einklang zu bringen.

Einsatz von Medien
Die meisten Präsentationen während des Vorbereitungsdiensts werden in den jeweiligen Seminarstandorten stattfinden. Diese sind meist hervorragend mit neuen Medien wie Beamer, Whiteboards und PCs ausgestattet. Erkundige dich deshalb im Vorfeld, welche Medien dir zur Verfügung stehen und lasse dir eventuell eine kurze Einführung in die Bedienelemente geben. Neue Medien können beim richtigen Einsatz eine wirkliche Bereicherung darstellen.
Doch auch traditionelle Präsentationshilfen wie Flipchart, Tafel und Moderationskoffer sind meist vorhanden und können eingesetzt werden. Informiere dich vorab am besten bei deinem Ausbilder, welche Möglichkeiten sich dir bieten. Bei der Auswahl

der Medien solltest du dennoch gezielt vorgehen: Wähle Medien, die der Thematik dienlich sind, aber nicht vom eigentlichen Inhalt ablenken. Weniger ist oft mehr.

Motivationen schaffen und für einen dynamischen Ablauf sorgen

Auch hier können wir wieder die Brücke zum Unterricht schlagen. Wo es auf der einen Seite gelangweilte Schüler geben kann, kann es auf der anderen Seite auch gelangweilte Präsentationszuhörer geben. Doch das muss nicht sein: Motiviere deine Hörerschaft, indem du emotionale und persönliche Zugänge zum Thema gleich zu Beginn für dich nutzt. Frage dich dabei, wo die Hörerschaft mit dem Thema im Alltag zu tun haben könnte und wie du diese Situation in den Einstieg deiner Präsentation einfließen lassen kannst. Hast du die Hörerschaft einmal für das Thema gewonnen, steht einem dynamischen Vortrag nichts mehr im Wege. Dynamisch bedeutet natürlich auch, die Hörerschaft aktiv einzubeziehen. Starte Diskussionen oder kleine Gruppenarbeiten. Gewagte oder provozierende Thesen können dabei ebenso Diskussionsgrundlage sein wie pädagogische Alltagssituationen. Grenzen gibt es hier so gut wie keine.

„Ab 20 Folien wird's zum Film" – Zum Umgang mit PowerPoint®

Natürlich ist die Forderung dieses Sprichwortes gerade bei komplexen Inhalten oft nur schwer einzuhalten. Dennoch: In der Kürze liegt die Würze – das weiß jeder der schon einmal Gasthörer einer schier endlosen PowerPoint®-Präsentation war. Folgende Tipps können helfen, erfolgreich mit PowerPoint® zu arbeiten:

- Halte deine Ausführungen kurz, denn nach 30 Minuten sinkt die Aufmerksamkeit deiner Hörer enorm.
- Gestalte deine Folien ansprechend und mit Bildern, welche die Thematik unterstützen (Schaubilder, Fotos etc.).
- Reduziere den Text auf den Folien auf das Wesentliche. Vermeide, dass Folieninhalt und Vortrag wortgleich sind. Der Text auf der Folie soll deinen Vortrag untermauern, nicht andersherum.
- Achtung bei Animationen: Diese sehen zwar oft nett aus, lenken aber letztendlich von deinen Vortrag ab.
- Bei Zitaten und verwendetem Bildmaterial Quellen direkt auf der jeweiligen Folie vermerken. Besonders wichtig, wenn die Präsentation als Kopie ausgegeben oder digital verbreitet wird.
- Versuche, beim PowerPoint®-Vortrag eine Auflockerung durch Diskussionsphasen einzubauen.

Abschluss der Präsentation – Dem Thema Nachdruck verleihen

Der Abschluss einer Präsentation dient dazu, dem Gesagten durch eine kurze Zusammenfassung der wichtigsten Punkte noch einmal Nachdruck zu verleihen. Gegebenenfalls kann an dieser Stelle auch in eine Anschlussdiskussion oder in eine Arbeitsphase übergeleitet werden. Generell sollte jedoch am Ende einer Präsentation noch Zeit für inhaltliche Nachfragen aus dem Plenum eingeplant werden.

Wichtig ist, den Abschluss durch einen Rückgriff auf die Eingangsthematik rund zu gestalten. Das schafft für die Hörer ein Gefühl thematischer Geschlossenheit und verleiht dem Inhalt zusätzlichen Nachdruck.

Ich sehe was, was du nicht siehst – zur Wirkung der vortragenden Person
Wer meint, nur die saubere Aufbereitung des Inhalts sei ausschlaggebend für den Erfolg einer Präsentation, der liegt definitiv falsch: Gestik, Mimik und Haltung – sprich die gesamte Körpersprache – stehen unter Beobachtung und beeinflussen eine Präsentation. Achte deshalb auf folgende Punkte:

- Situationsadäquate Kleidung: Nicht „overdressed", aber auch nicht im Schlabber-look. Im Rahmen einer Prüfung geht die Tendenz auf jeden Fall in Richtung schick.

- Eine aufrechte Körperhaltung signalisiert Selbstsicherheit!

- Halte Blickkontakt mit dem Publikum, achte aber darauf nicht nur einzelne Personen anzustarren, sondern mit dem Blick zu „wandern".

- Hände aus den Hosentaschen! Die Haltung der Hände und Arme ist entscheidend für den Eindruck, den ein Redner bei seinen Hörern hinterlässt. Verschränkte Arme signalisieren beispielsweise Verschlossenheit und Distanz. Nutze deine Hände lieber für angemessene Gestik und halte sie ansonsten auf Höhe deines Bauchnabels. Solltest du dich dabei unwohl fühlen kannst du auch eine PowerPoint®-Fernbedienung oder Moderationskärtchen in die Hand nehmen. Verteile dein Gewicht gleichmäßig auf beide Beine – das „erdet" dich.

- Versuche, deinen Vortrag möglichst frei zu halten. Nichts ist unprofessioneller als ein vorformulierter Vortrag, der von Kärtchen stur abgelesen wird. Was in der neunten Klasse des Gymnasiums noch durchaus in Ordnung war, sollte inzwischen durch weitgehend freies Vortragen ersetzt werden. Halte dir deshalb auf Moderationskärtchen nur Stichworte fest, um dich thematisch zu orientieren. Du wirst sehen: Der Vortrag gewinnt sofort an Dynamik.

8 Probleme im Referendariat

8.1 Schwierige Eltern

Wie wir bereits im Kapitel „Elternarbeit" angesprochen haben, bringt der Kontakt mit den Eltern ab und an herausfordernde Situationen mit sich. Generell empfiehlt es sich, in allen Situationen ruhig und bedacht zu handeln, da dies meist eher zu Lösungen führt, als emotionale Entgleisungen.

Das Gefühl, nicht ernst genommen zu werden

Auch wenn du dich noch in der Ausbildungsphase befindest, wirst du im zweiten Teil des Referendariats eine Klasse in einem bestimmten Fach übernehmen. Versuche, durch freundliches, bestimmtes und professionelles Auftreten bereits beim ersten Elternabend Kontakt zu den Eltern herzustellen. Es ist auch die Aufgabe deines Mentors, dich als gleichwertigen – wenn auch sich in Ausbildung befindlichen – Kollegen zu präsentieren.

Entgleisende Elterngespräche

Auch dieses Thema haben wir bereits ausführlich im Kapitel Elterngespräche behandelt. Gebe den Eltern Zeit, ihren Frust loszuwerden und falle ihnen nicht ins Wort. Erst danach besteht Raum für ein Gespräch auf der Sachebene. Denke stets daran: Zu starke Emotionen schränken meist die Möglichkeit ein, zufriedenstellende Lösungen zu finden.

Die Schulleitung als Vermittler

Sind Entgleisungen während des Gesprächs eher die Regel als die Ausnahme, empfiehlt es sich, die Schulleitung als Vermittler mit ins Boot zu holen. Meistens sind die Positionen bereits derart festgefahren, dass zum einen ein produktives Gespräch zwischen dir und den Eltern sowieso in weiter Ferne scheint und zum anderen die Schulleitung ihren übergeordneten Status zum Zwecke der Mediation nutzen kann. Sie wird bestrebt sein, eine Lösung zu finden, welche für alle Beteiligten zufriedenstellend ist.

Besonders heikle Themen an die Schulleitung abgeben

Gerade im Referendariat fehlt dir noch die Erfahrung, um heikle Themen, die vielleicht sogar in den häuslichen Bereich der Schüler reichen, in Elterngespräche aufzunehmen. Dies ist auch nicht deine Aufgabe: Hierfür sind Mentor und Schulleitung zuständig.

Bei besonders heiklen Themen kann die Schulleitung deshalb auch ein Elterngespräch unter vier Augen führen, was die Beziehung zwischen dir und den Eltern aus dem Konflikt weitestgehend herausnimmt und möglichst unvoreingenommenes Arbeiten ermöglicht.

Kleine Geschenke erhalten die Freundschaft?
Eine Packung Pralinen hier, ein Kaffeegutschein da. Wie geht man mit Geschenken von Eltern und Schülern eigentlich um? Generell empfiehlt es sich, Geschenke der Eltern freundlich abzulehnen. Erstens ist dies im Sinne der Bestechung ab einem bestimmten Wert verboten und zweitens solltest du auch während des Referendariats bereits professionell handeln. Natürlich gilt es hier abzuwägen: Eine Packung Kekse zu Weihnachten oder ein gemeinsames Abschiedsgeschenk zum Abschluss deines Referendariats stehen unter einem anderen Licht als hochwertige Geschenke von Einzelpersonen! Im Zweifelsfall solltest du auf jeden Fall mit deiner Schulleitung Rücksprache halten.

8.2 Schwierige Mentoren

Nicht alle Menschen sind gleich – und so kommt es auch immer wieder vor, dass Referendare nicht auf einer Wellenlänge mit ihrem Mentor liegen. Doch was tun, wenn es weder zwischenmenschlich noch auf schulischer Ebene harmoniert? Prinzipiell gilt, nicht sofort die Flinte ins Korn zu werfen. Gebe deinem Mentor Zeit, sich auf dich einzustellen und bewege dich auf ihn oder sie zu, ohne gleich eine Mauer aus Misstrauen um dich herum aufzubauen. Im Normalfall hat sich dein Mentor freiwillig für seine Aufgabe entschieden und weiß, was auf ihn zukommt. Er sollte demnach auch bestrebt sein, dir eine gute Begleitung durchs Referendariat zu sein.

Trotzdem gibt es Fälle, die sich nach einigen Wochen als untragbar erweisen. Seien es zu hohe Anforderungen des Mentors oder fehlende Unterstützung und Beratung. Gerade die Beratung und Nachbesprechung bedeutet für deinen Mentor enormen Zeitaufwand. Sie ist aber sehr wichtig für deine Ausbildung und daher ein Recht, welches du einfordern solltest.

Das Gespräch mit dem Mentor suchen

Wenn du ein ansonsten gutes Verhältnis mit deinem Mentor pflegst, empfiehlt es sich, das persönliche Gespräch zu suchen. Erkläre, warum dir die Beratung so wichtig ist und versuche, feste Beratungszeiten auszuhandeln. Oft ist den Mentoren gar nicht bewusst, dass mehr Beratung seitens der Referendare erwünscht wäre. Wie bei vielen Unstimmigkeiten im Leben erweist es sich also als sinnvoll, das Gespräch zu suchen und lösungsorientiert vorzugehen.

Sich in der Seminargruppe aussprechen

Das Seminar bietet einen geschützten Rahmen für entlastende Gespräche – sowohl die Ausbilder als auch die anderen Referendare sind dazu verpflichtet, über seminarintern besprochene und äußerst sensible Themen Stillschweigen zu wahren. Oft hilft es schon, Probleme in der Gruppe zu diskutieren, da die Lösungen meist gar nicht so fern liegen, wie es vordergründig scheint.

Das Gespräch mit dem Schulleiter

Sollten dich die beiden ersten Schritte nicht weiterbringen, besteht die Option, ein Gespräch mit dem Schulleiter zu vereinbaren. Du solltest die Problematik aber vor allem sachlich und wenig emotional vortragen sowie im Vorfeld schon ein Gespräch mit deinem Mentor gesucht haben. Der Schulleiter verfügt über die Möglichkeit, einen runden Tisch einzuberufen, um eine Lösung zu finden oder dich einem neuen Mentor zuzuordnen. Bedenke aber auch, dass es Teil der Sozial- und Teamkompetenz ist, auch mit unliebsamen Personen zu arbeiten. Das Gespräch mit dem Schulleiter sollte deshalb einer der letzten Schritte auf dem Weg zur konstruktiven Lösung sein.

Das Gespräch mit Ausbildern und Seminarleitung

Dieser letzte Schritt sollte nur bei gravierenden Problemen mit Mentor und Schulleitung gewählt werden, da er einen hohen verwaltungstechnischen Aufwand mit sich bringen kann. Während die Ausbilder meist erst einmal selbst das Gespräch mit den Mentoren suchen, kann die Seminarleitung als letzten Schritt eine neue Ausbildungsschule für dich finden.

8.3 Unterrichtsstörungen

Sie sind äußerst anstrengend und werden mit an Sicherheit grenzender Wahrschein-
lichkeit auch dir nicht erspart bleiben: Unterrichtsstörungen. Eine pauschale Erklärung
für das Auftreten von Unterrichtsstörungen gibt es aufgrund der Vielzahl an möglichen Faktoren nicht. Wodurch Unterrichtsstörungen hervorgerufen können und wie
man bestmöglich dagegen vorbeugt, werden wir im folgenden Abschnitt darstellen.

Eine Störung – viele mögliche Ursachen
So gerne wir es auch würden, wir können an dieser Stelle kein rezeptartiges Vorgehen
gegen Unterrichtsstörungen anbieten. Zu vielseitig ist die Bandbreite an Störungen
und die dahinterstehenden Ursachen. Unterrichtsstörungen können auf Krankheitsbilder der Kinder hinweisen, Rückmeldung an wenig motivierenden Unterricht sein,
auf Über- und Unterforderung hindeuten oder ein Verlangen der Schüler nach
Grenzen oder Aufmerksamkeit ausdrücken.

Mit der richtigen Unterrichtsgestaltung Störungen vorbeugen
Auch im Hinblick auf deine eigene Gesundheit ist es sinnvoll, durch einen gut struk-
turierten Unterricht das Störungspotenzial zu minimieren. Ein klarer Orientierungs-
rahmen mit Regeln und Ritualen zeigt den Schülern die Grenzen ihres Handelns auf.
Auch ein motivierender und ansprechender Unterricht wirkt sich positiv aus. Während
Arbeitsphasen solltest du deinen Schülern nonverbal (z. B. durch Blickkontakt) signa-
lisieren, dass du stets die gesamte Klasse im Blick hast, auch wenn du gerade in einem
Einzelgespräch bist.
Oft entstehen Unterrichtsstörungen auch während der Gelenkstellen einer
Unterrichtssequenz. Versuche deshalb, deine Stunde so reibungslos wie möglich zu
gestalten. Gerade für Anfänger ist unter diesem Aspekt eine schriftliche Unterrichts-
planung das A und O.

Ermahnen ohne Konsequenz – ein eindeutiges Signal
Im Kapitel „Klassenführung" sind wir bereits auf den Begriff der Konsequenz gestoßen.
Viele Lehrer neigen dazu, die Schüler mehrere Male zu ermahnen, vielleicht noch auf
die Regeln an der Klassenzimmerwand zu verweisen, aber schlussendlich die Störung
doch zu tolerieren. Dies ist natürlich ein eindeutiges Signal an die Schüler: „Hier kann
ich machen, was ich will". Gerade mehrmaliges Ermahnen verläuft deshalb oft im

Sand und wird schnell nicht mehr ernst genommen. Handle deshalb bei Regelverstößen besonnen aber konsequent. Egal, ob die vereinbarten Konsequenzen aus Zusatzarbeiten oder Einzelgesprächen bestehen: Sie sollten stets so angelegt sein, dass du sie auch wirklich im Schulalltag integrieren kannst!

Misstrauen schürt schlechte Luft – zeige dich empathisch

Gerade wenn du neu in eine Klasse kommst, ist es wichtig bestimmt, aber freundlich aufzutreten. Signalisiere deinen Schülern, dass du sie und ihre Belange ernst nimmst und mit einem offenen Ohr für sie da bist. Manifestiere aber ebenso deinen Status als Lehrer und Erwachsener und den damit verbundenen Respekt, der keiner Diskussion bedarf.

Zum Umgang mit ADS und ADHS

Bei Krankheitsbildern wie ADS ist es wichtig, eine Unterrichtsstörung anders zu bewerten. Kindern mit Aufmerksamkeits-Defizit-Syndrom benötigen klare Strukturen und ggf. auch Entspannungszeiten. Nimm Störungen vor allem bei ADS-Kindern nie persönlich und suche schon früh das Gespräch mit deinem Mentor. Er wird dich über Vereinbarungen informieren, die mit den Eltern getroffen wurden. Auch deine Seminargruppe und deine Ausbilder geben dir Raum, dich in Bezug auf deine Probleme zu öffnen. Oft haben letztere jahrelange Erfahrung und ggf. Spezialisierung in diesem Bereich und deshalb hilfreiche Tipps auf Lager. Denke aber stets daran, dass es sich hier um hochsensible Daten handelt, die niemanden außerhalb des Kollegiums bzw. Seminars oder anderen, durch die Schule eingeschaltete Stellen, etwas angehen – du bist hier zu Stillschweigen verpflichtet.

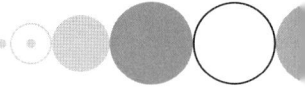

8.4 Mobbing

Vorweg sei gesagt: Mobbing ist kein Kavaliersdelikt und bedarf höchster Aufmerksamkeit und Intervention. Die bleibenden psychischen Schäden bei Mobbingopfern können enorm sein – auch du als Referendar trägst Verantwortung dafür, Mobbing bereits im Keim zu ersticken! Doch der Begriff Mobbing ist selbstverständlich auch sehr schwammig. Zudem outen sich Mobbingopfer oft nicht gegenüber Vertrauenspersonen. Um deinen Blick diesbezüglich etwas zu schärfen, wollen wir jetzt auf einige Anzeichen für Mobbing und den Umgang damit eingehen.

Mobbing ist soziale Ausgrenzung

Zunächst bedeutet Mobbing immer soziale Ausgrenzung. Mobbing kann durch eine Person oder durch Personengruppen erfolgen. Wichtig ist dabei, dass Mobbing nicht nur durch physisch manifestierte Gewalthandlungen zu Tage tritt, sondern seinen Schwerpunkt im psychischen Bereich hat. Genau diese Schwierigkeit erfordert oft viel Einfühlungsvermögen und Spürsinn von Lehrerinnen und Lehrern bei der Aufklärung von Ausgrenzungsfällen.

Mobbingopfer sind oft alleingelassen

„Warum hat niemand die Notbremse gezogen?" Diese unangenehme Frage steht oft am Ende einer langen „Opferkarriere". Gerade Mitschüler und Lehrer hätten doch etwas merken und rechtzeitig eingreifen müssen. Was selbstverständlich klingt, gestaltet sich in der Realität oft schwierig. Andere Schüler haben meist Angst, selbst gemobbt zu werden, wenn sie sich auf Opferseite positionieren und Lehrpersonen fühlen sich in vielen Fällen nicht verantwortlich für „das Zwischenmenschliche".

Mobbingopfer erkennen

Meist gehen Mobbingopfer nicht in die Offensive und suchen keine Hilfe. Zu groß ist die Scham, zu angekratzt und labil ist das systematisch zerstörte Selbstwertgefühl. Umso wichtiger ist es also, schon geringste Anzeichen von Mobbing ernst zu nehmen und die Initiative zu ergreifen. Doch wie erkennt man eigentlich Mobbingopfer? Das Ziel von Mobbing ist das Drängen in eine Außenseiterposition. Gemobbte Schüler haben daher meist wenig soziale Kontakte innerhalb der Klasse. Oft sind sie der „Sündenbock", werden von anderen Mitschülern gehänselt, suchen ihre von anderen Kindern „versteckten" Schulsachen oder weisen sogar Verletzungen auf. Doch auch im Gespräch mit Eltern lassen sich oft viele wichtige Informationen erhalten: Psychosomatische Beschwerden wie Bauchschmerzen und Übelkeit am Morgen können ein Indikator von Schulangst sein und sollten nicht auf die leichte Schulter genommen werden!

Vorgehen bei Mobbingfällen
In der Literatur sind einige gute und ausführliche Vorschläge zum Vorgehen bei Mobbing existent. Meist sind Gespräche mit Tätern und Opfern zentrale Momente dieser Modelle. Für dich als Referendar ist es aber zunächst vor allem wichtig, Augen und Ohren offen zu halten, dich deiner Verantwortung anzunehmen und gegebenenfalls umgehend zu reagieren. Am besten informierst du bei einem Verdachtsfall die Schulleitung. Diese wird dann über das weitere Vorgehen entscheiden.

8.5 „Verlängerung" oder „durchgefallen" – Was nun?

Auch trotz ausführlicher und effektiver Vorbereitung kann es natürlich passieren, dass etwas nicht so läuft wie geplant. Genau dieser Fall kann auch auf den Unterrichtsalltag als Referendar und dementsprechend auf geplante und durchgeführte Unterrichtsstunden projiziert werden. Verständlicherweise sind solch misslungenen Stunden ärgerlich, jedoch sind Fehler dazu da, um aus ihnen zu lernen und Schlüsse für zukünftige Handlungen zu ziehen.
Im schlimmsten Fall können solche Fehler allerdings Konsequenzen für den weiteren Ablauf des Referendariats mit sich führen. Einige dieser Fälle und damit verbundene Vorgehensweisen sollen in diesem Kapitel in Kurzform vorgestellt werden.

Der Fall der Verlängerung
Während des ersten Ausbildungsabschnitts wird ein Großteil deiner durchgeführten Unterrichtsstunden wie bereits in den Kapiteln mit inhaltlich organisatorischem Schwerpunkt aufgeführt von den Mentoren, der Schulleitung und vor allem von den Vertretern des Seminars beobachtet und reflektiert. Am Ende des ersten Ausbildungsabschnitts / des ersten Ausbildungsjahres müssen die Vertreter des Seminars, in Zusammenarbeit mit den Vertretern der Schule, schließlich eine Entscheidung fällen: Ist der Referendar dazu im Stande, auch ohne konstante Beobachtung selbstständig den Unterricht in verschiedenen Schulklassen zu führen? Wird diese Frage von den

Beteiligten mit „Ja" beantwortet, so steht dem Eintritt in den zweiten Ausbildungsabschnitt und damit dem eigenständigen Unterricht nichts mehr im Wege. Zweifeln die Beteiligten nach den gesammelten Erfahrungen aus der Beobachtung jedoch an der Lehrbefähigung des Referendars, so kann ihm eine Verlängerung des Referendariats auferlegt werden. Fiel der Referendar längere Zeit krankheitsbedingt aus, dann ist ebenfalls eine Verlängerung des Referendariats möglich.

Der Fall der nicht bestandenen Lehrprobe

Auch wenn es keinesfalls als Regelfall angesehen werden darf, kann es natürlich vorkommen, dass eine Lehrprobe laut Urteil der Prüfer nicht bestanden wird. Die Gründe hierfür sind vielfältig: Unvorhergesehene Ereignisse, Disziplinprobleme aufseiten der Schüler oder das Nicht-Erreichen von ausgewiesenen Lernzielen sind als einige Exempel zu nennen. Zwar ist solch ein Fall verständlicherweise sehr ärgerlich, jedoch sollte dies mitnichten als sprichwörtlicher Weltuntergang betrachtet werden. Bei einer nicht bestandenen Lehrprobe / Prüfungsstunde wird dem Referendar eine Wiederholungsprüfung zugesprochen, die je nach Notendurchschnitt entweder bereits im laufenden oder im nachfolgenden Schuljahr stattfindet. Um die notwendige Objektivität aufseiten der Prüfer zu gewährleisten, wird in der Regel sichergestellt, dass sich die Prüfungskommission aus anderen Personen als in der bereits absolvierten Prüfungslehrprobe / Prüfungsstunde zusammensetzt. Auf diese Weise können auch erdenkliche personelle Differenzen zwischen Prüfern und Prüfling ausgeschlossen werden.

An dieser Stelle ist auch festzuhalten, dass eine Wiederholungsprüfung für die spätere Berufslaufbahn keinerlei Einfluss hat, da diese nicht im Zeugnis ausgewiesen wird und somit für den potenziellen Arbeitgeber nicht ersichtlich ist.

Sollte der äußerst unwahrscheinliche Fall eintreten, dass auch die Wiederholungsprüfung nicht bestanden wird, so gilt auch das Referendariat als nicht bestanden.

Wie du siehst, erhältst du als Referendar auch trotz möglicher Fehler stets eine zweite Chance, welche es zu nutzen gilt. Und auch wenn der Umgang mit solch möglichen Rückschlägen sicherlich nicht gerade einfach fällt, sollte man stets versuchen, nicht bestandene Prüfungen auf keinen Fall als persönliches Versagen zu werten. Stolpersteine gehören im Leben stets dazu und somit dürfen entsprechende Belastungsproben nicht als Endstation, sondern als Herausforderung betrachtet werden. Denn auch eine bekannte Rockband formulierte in den 70er-Jahren bereits folgendes Motto: „It's a long way to the top, if you wanna rock'n'roll!"

9 Referendariat geschafft – Wie geht es weiter?

9.1 Schulbezogene Stellenausschreibung
9.2 Das Listenverfahren
9.3 Arbeit als Krankenvertretung
9.4 Alternative Berufswege

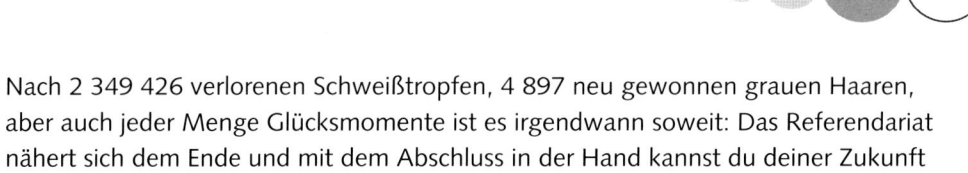

Nach 2 349 426 verlorenen Schweißtropfen, 4 897 neu gewonnen grauen Haaren, aber auch jeder Menge Glücksmomente ist es irgendwann soweit: Das Referendariat nähert sich dem Ende und mit dem Abschluss in der Hand kannst du deiner Zukunft selbstbewusst ins Auge blicken. Wie der Berufsweg nach Absolvierung des Referendariats beispielhaft aussehen kann, möchten wir in diesem Kapitel aufführen. Zwar ist es in wirtschaftlichen Betrieben durchaus üblich, seine Auszubildenden nach Abschluss im Betrieb zu übernehmen, jedoch gehören solche Fälle im Bildungssektor eher zu den Ausnahmen. Grundsätzlich existieren für Lehrer mehrere Wege, die berufliche Zukunft nach Abschluss des Vorbereitungsdiensts anzugehen.

9.1 Schulbezogene Stellenausschreibungen

Im Zuge der Verschaffung von mehr Autonomie im Bereich der Organisation der Einzelschule entwickelten sich die schulscharfen Stellenausschreibungen in den vergangenen Jahren zur festen Instanz im Bereich der Lehrerstellen. Diese Organisations- und Vergabeart ähnelt am ehesten der im Wirtschaftssektor. So können Schulen nach vorheriger Genehmigung Stellen ausschreiben, in denen bestimmte Fächer bzw. Fächerkombinationen oder spezifische Profileigenschaften des Lehrers gesucht werden. Je nach Bundesland kann eine Einsicht in diese Stellenausschreibungen z. B. online auf bestimmten Internetseiten stattfinden. Erneut abhängig vom Bundesland werden diese Ausschreibungen zu einem bestimmten Zeitpunkt veröffentlicht und einen begrenzten Zeitraum (meist circa zwei Wochen) auf den entsprechenden Webseiten eingestellt. Innerhalb dieses Zeitraums muss die Bewerbung an die ausschreibende Schule erfolgen. Je nach Präferenz der ausschreibenden Schule findet die Bewerbung per Post oder per Online-Verfahren statt. Der Weg ist hierbei meist dem Ausschreibungstext zu entnehmen. Generell gilt es sich also im Vorfeld bereits über diese Ausschreibungsfristen zu informieren, um keine potenziellen Angebote zu verpassen. Übrigens existieren in Deutschland auch etliche Privatschulen, welche ihre zu besetzenden Stellen ohnehin lediglich über das schulbezogene Verfahren besetzen dürfen. Welcher Lehrer eingestellt wird, entscheidet grundsätzlich die Schule selbst, jedoch ist oftmals eine Genehmigung durch eine übergeordnete Instanz (z. B. das Regierungspräsidium) nötig. Die Einstellungskriterien legen den Fokus dabei nicht immer stets nur auf die erreichte Abschlussnote. Somit können auch Lehrer ohne herausragende Notenschnitte eine Zusage erhalten, solange sie die geforderten Kriterien erfüllen und die Schule sich für sie entscheidet.

Während der Ausschreibungsfristen wird auf den der Suchplattformen für Lehrer im Internet häufig zwischen verschiedenen Räumen (ländlich oder städtisch) sowie Bezirken bzw. Landkreisen differenziert. Bei der Suche nach einer passenden Stelle besteht somit die Möglichkeit, mit verschiedenen Filtern zu arbeiten, um eine geeignete Schule im entsprechenden Landkreis ausfindig zu machen.

9.2 Das Listenverfahren

Sollte innerhalb des schulbezogenen Ausschreibungsverfahrens keine passende Stelle dabei sein, so besteht immer noch die Möglichkeit, über das sogenannte Listenverfahren eine Stelle zu erhalten. Hierbei gilt es sich in einem festgelegten Zeitfenster (zumeist über ein Online-Verfahren) zu registrieren, seine Fächer sowie seine Notenschnitte anzugeben und Präferenzen hinsichtlich der bevorzugten Landkreise mitzuteilen. Sollten an einer bestimmten Schule spezielle Fächer bzw. Fächerkombinationen gesucht werden, so kann die Schule sich für das Listenverfahren anmelden. Eine übergeordnete Instanz (z. B. erneut das Regierungspräsidium) filtert nun die potentiellen Lehrer aus.
Dies funktioniert folgendermaßen: Nehmen wir an, Schule XY sucht für das kommende Schuljahr einen Lehrer für das Fach Englisch und liegt im Landkreis 1. Lehrer A und Lehrer B können beide jeweils das Fach Englisch aufweisen und beide gaben als erste Einsatzpräferenz den Landkreis 1 an. Ist dies der Fall, so entscheidet schlussendlich der erreichte Notenschnitt. Da Lehrer A einen besseren Notenschnitt aufweisen kann als Lehrer B, erhält Lehrer A die Stelle und wird schriftlich darüber informiert. Auf Basis dieses Vorgehens wird bereits deutlich: Wer flexibel ist, hat größere Chancen, eine Stelle zu erhalten. Je mehr Bezirke hierbei in die Liste der Präferenzen aufgenommen werden, desto erfolgsversprechender ist auch die Aussicht auf eine Anstellung.

9.3 Arbeit als Krankheitsvertretung

Während der Anmeldung für das Listenauswahlverfahren ist es häufig bereits möglich, sich als potenzieller Kandidat für eine Stelle als Krankheitsvertretung einzutragen. Zwar verbessert diese Option die grundsätzliche Chance auf eine Einstellung, jedoch

sollte man sich der hiermit verbundenen geforderten Flexibilität hinsichtlich des Schulorts bewusst sein. Krankheitsvertretungen werden nämlich an Schulen eingesetzt, an denen für eine bestimmte Zeitspanne ein personeller Engpass existiert bzw. eine Lehrkraft z. B. aufgrund der Elternzeit kurz- oder längerfristig ausfällt. Dies schließt die Möglichkeit ein, während eines Schuljahres an mehreren Schulen eingesetzt zu werden, wobei die Einsatzzeiten je nach Einzelfall variieren können. Trotzdem besteht in der Arbeit als Krankheitsvertretung für viele Lehrer, die möglicherweise nicht über andere Verfahren eingestellt werden, eine Möglichkeit, dem Beruf des Lehrers nachzugehen und für finanzielle Sicherheit zu sorgen. In manchen Fällen ist es sogar denkbar, dass die Arbeit als Krankheitsvertretung bei erwiesener Eignung als Türöffner für eine reguläre Stelle dient.

9.4 Alternative Berufswege

Mit dem erfolgreichen Abschluss des Referendariats in der Tasche sind die Arbeitsoptionen keinesfalls auf den Beruf des Lehrers beschränkt. Es existieren vielfältige Möglichkeiten, den weiteren Werdegang zu gestalten: So ist es beispielsweise vorstellbar, einen Erweiterungsstudiengang oder ein Masterstudium zu absolvieren, um anschließend in der Forschung (z. B. an Hochschulen) tätig zu sein. Die Promotion und eine Lehrstelle an Hochschulen wären hierbei potenzielle Berufsziele.

Des Weiteren besteht die Möglichkeit, nach dem mehrjährigen Sammeln von Berufserfahrung in die Lehrerausbildung einzusteigen und zum Beispiel als Lehrbeauftragter bzw. Ausbilder zu arbeiten. Auch in diversen Ämtern (z. B. im Regierungspräsidium) ist der Quereinstieg als Lehrer möglich. Entsprechende Stellenausschreibungen können hierbei abhängig vom Bundesland in gängigen Publikationen oder online eingesehen werden.

Insgesamt können zu den Jobchancen von Lehrern im Hinblick auf die folgenden Jahre nur bedingt Auskünfte gegeben werden. Die Lage auf dem Stellenmarkt ist jedes Jahr von vielfältigen Faktoren wie zum Beispiel der Zahl an Pensionierungen abhängig. Auch Entwicklungen wie die Einführung einer neuen Schulart (es sei an dieser Stelle auf die Gemeinschaftsschule in Baden-Württemberg verwiesen) können viele neu zu besetzende Stellen schaffen. Auch wenn es möglicherweise nicht unmittelbar nach dem Referendariat mit der Einstellung klappen sollte: Lass den Kopf nicht hängen, die richtige Stelle wartet sicherlich noch auf dich!

10 Wortlexikon

ADS /ADHS: Wird auch Aufmerksamkeitsdefizit-Syndrom genannt und ist eine Störung, die meist erstmals im Kindesalter auftritt. Man geht derzeit davon aus, dass verschiedene Faktoren dieses Syndrom bedingen – darunter auch erbliche. Im Unterricht macht sich die Störung durch Aufmerksamkeitsdefizite, ggf. Hyperaktivität und Impulsivität bemerkt und bedarf einer ärztlichen Diagnostik.

Didaktisch-Methodischer Kommentar: Bestandteil des ausführlichen Unterrichtsentwurf. Hier werden die für die Unterrichtssequenz gewählten die didaktische Vorgehensweise und Methoden anhand von Modellen aus der Bildungswissenschaft und Lernforschung begründet.

Differenzierung: Das Eingehen auf die individuelle Lernausgangslage der Schüler. Sie ist die Leitidee moderner didaktischer Ansätze. Man unterscheidet zwischen qualitativer Differenzierung (verschiedene Niveaustufen) und quantitativer Differenzierung (zusätzliche Aufgaben für schnelle Schüler). Differenzierung kann aber auch außerhalb der Materialebene durch individuelle Zuwendung und Hilfestellung geleistet werden.

Frontalunterricht: Viele Jahre gängige Unterrichtsmethodik, welche heute stark in der Kritik steht. Erinnert an den Vorlesungsstil an Universitäten.

Ganztagsschule: Schulkonzept, welches neben dem Vormittag auch den Nachmittag einschließt. In offener Form bietet eine Ganztagesschule nachmittags freiwillige Betreuungsangebote und Arbeitsgemeinschaften. In gebundener Form ist der Ganztag für alle Schüler verpflichtend. Ziel ist eine „Schule als Lebensraum".

Gemeinschaftsschule: Schulkonzept, welches das Lernen von Schülern unterschiedlichster Kompetenzniveaus in heterogenen Gruppen in den Vordergrund stellt. Offene Unterrichtsformen spielen hierbei eine tragende Rolle.

Gleichstellungsbeauftragte: Kollegin, welche als Ansprechpartner für die Gleichberechtigung zwischen Mann und Frau gewählt wurde.

Gesamtlehrerkonferenz (GLK): Mehrmals im Jahr stattfindende, verpflichtende Konferenz mit dem gesamten Lehrerkollegium und der Schulleitung.

Heterogenität: Unterschiedlichkeit, oft im Bezug auf Klassenzusammensetzungen verwendet (Heterogenität im Alter, Geschlecht, Lernstand etc.).

Homogenität: Gleichheit. Im schulischen Kontext aufgrund der unterschiedlichen Voraussetzungen der Schüler meist eine künstlich erzeugte und nur für ein Merkmal (z. B. Alter) gültige Homogenität.

Inklusion: Ein didaktisches Konzept, welches vorsieht, Schüler mit Behinderungen (körperlich und psychisch) in Regelklassen zu integrieren.

Kolloquium: Mündliche Prüfung, meist im Anschluss an eine Lehrprobe / Prüfungsstunde oder an eine Präsentationsprüfung. Im Gegensatz zu mündlichen Prüfungen im akademischen Bereich steht hier die Verknüpfung von Theoriewissen mit dem Unterrichtsalltag im Mittelpunkt.

Kommission: Prüfungskommission in mündlichen Prüfungen und Lehrproben / Prüfungsstunden. Die Kommission besteht aus mindestens zwei Prüfern.

Kompetenzorientierung: Didaktisches Schlüsselprinzip. Es steht nicht Wissensvermittlung durch reines Faktenwissen im Mittelpunkt, sondern es sollen Schlüsselkompetenzen der Schüler gefördert werden.

Kompetenzraster: Übersicht über die in einem Fach zu erreichenden Kompetenzen. Oft als tabellarischer Überblick im offenen Unterricht verwendet.

Kontaktheft: Von den Schülern mitgeführtes Heft, welches im Botenverfahren die Kommunikation zwischen Eltern und Lehrer erleichtert. Praktisch für kurze Notizen und Terminvereinbarungen von beiden Seiten.

Kooperatives Lernen: Auf soziale Kompetenzen akzentuierte Form des Gruppenunterrichts. Jedes Mitglied der Gruppe ist zu gleichen Teilen für den Erfolg der Gesamtgruppe verantwortlich.

Lehrprobe: Unterrichtssequenz, die am Abschluss des Referendariats durch eine Prüfungskommission bewertet wird.

Legasthenie / LRS: Eine Störung des Schrifterwerbs. Schülerinnen und Schüler mit Legasthenie / LRS haben Probleme beim Lesen und / oder beim Schreiben. Die Ursachen sind noch nicht endgültig geklärt. Einig ist man sicher aber, dass frühe und gezielte Förderung mit spezieller Methodik positive Effekte auf die Entwicklung hat. Achtung, keine vorschnellen Schlüsse – die Diagnostik muss durch einen speziell ausgebildeten Lehrer erfolgen.

Lernbegleiter: Bezeichnung für einen Lehrer unter Berücksichtigung seiner Tätigkeit in offenen Unterrichtsarrangements.

Lernstationen: Ein Thema oder mehrere Themen werden auf Lernstationen verteilt und von den Schülern in individuellem Lerntempo bearbeitet. Es bieten sich hierbei praxistaugliche Möglichkeiten qualitativer und quantitativer Differenzierung. Diese Arbeitsweise ist in Prüfungsstunden sehr beliebt.

Lerntheke: Eine Methodik, die sich zu geöffneten Unterrichtsformen zählt. Meist wird Informationsmaterial zu einem bestimmten Thema in „Buffetform" bereitgestellt.

Lernzirkel: Mehrere vorbereitete Lernstationen, die von den Schülerinnen und Schülern in einer bestimmten Reihenfolge durchlaufen werden. Zählt zu den geöffneten Unterrichtsformen.

Mentor: Der Mentor oder die Mentorin ist dein Betreuer während des Referendariats. Er hat die Aufgabe, dich in deinen ersten Unterrichtsversuchen zu unterstützen und dich bis zur Prüfungszeit beratend zu begleiten.

Offener Unterricht: Die Grundidee stammt aus der Zeit der Reformpädagogik. Zollt der Individualität der Schüler Rechnung und arbeitet mit der Grundannahme, dass die Schüler zur gleichen Zeit an verschiedenen Aufgaben arbeiten können. Der Lehrer übernimmt die Rolle des Beraters oder Lernbegleiters.

Paraphrasieren: Technik der Gesprächsführung, bei der das Gehörte in eigenen Worten wiederholt wird, um sicherzustellen, dass die empfangene Information der gesendeten Information entspricht.

Planarbeit: Planarbeit ist die Unterrichtsorganisation durch einen Arbeitsplan. Den Schülerinnen und Schülern wird (ein oft individuell auf ihre Bedürfnisse zugeschnittener) Arbeitsplan zur Verfügung gestellt, welcher Aufgaben und Zeitspanne aufzeigt. Planarbeit ermöglicht eigenständiges Lernen und kann die Eigenverantwortung der Schülerschaft fördern. Planarbeit reicht von Tages-, Wochen- bis hin zu Jahresplänen. (siehe auch Kompetenzraster)

Portfolio: Zusammenstellung von Arbeitsergebnissen, die über einen längeren Zeitraum entstanden sind. Oft wird auch Referendaren das Führen eines Portfolios auferlegt. Hier können Unterrichtsskizzen, Reflexionen und Materialien abgeheftet werden. Ziel ist es, den eigenen Lernprozess zu dokumentieren. Ebenso kann ein Portfolio von Schülern zur prozessorientierten Leistungsbewertung herangezogen werden.

Reflexion: Das elaborierte Nachdenken über dein Handeln. Oft wird beispielsweise der eigene Unterricht reflektiert (Nach dem Prinzip: Was war gut, was möchte ich besser machen?).

Rollenkongruenz: Der Zustand, in welchem man mit einer neuen Rolle – zum Beispiel der des Lehreranwärters – eins wird.

Unterrichtsbesuch: Unterrichtsbeobachtung durch Schulleiter, Mentor oder Lehrbeauftragten / Ausbilder mit meist beratender Funktion, auch Teilnahme der Seminargruppe möglich.

Unterrichtsentwurf: Ausführliche schriftliche Ausarbeitung des Unterrichtsvorhabens mit didaktischen Überlegungen, kurzer Beschreibung der Lernausgangslage der Klasse, Analyse der Sache sowie ggf. einer Reflexion. Wichtiger Bestandteil der Lehrprobe / Prüfungsstunde. Beim Verfassen sollten wissenschaftliche Standards wie Zitation und Verweis unbedingt beachtet werden.

Unterrichtsskizze: Schriftliche Planungshilfe für die einzelnen Phasen des Unterrichts. Hilft der Strukturfindung und der eigenen Orientierung innerhalb der Unterrichtssequenz.

Tandempartner: An einigen Seminarstandorten wird mit dem Tandemprinzip gearbeitet. Der Tandempartner ist in der Regel ein Mitreferendar, welcher den eigenen Unterricht ab und zu besucht. Im Mittelpunkt stehen der gemeinsame Austausch und die Reflexion des Unterrichts.

Teilflexibles Arbeitszeitmodell: Die Trennung von schulischer und häuslicher Arbeit innerhalb des Lehrerberufs, welche zusammen die Gesamtarbeitszeit ergeben.

Verlässliche Grundschule: Grundschulkonzept, welches die tägliche Betreuung bis zu einer gewissen Uhrzeit garantiert. Dies bedeutet wiederum, dass Unterrichtsausfall stets durch Vertretungslehrer oder Betreuung kompensiert werden. Die tägliche Schulzeit ist somit für die Eltern „verlässlich".

Wochenplan: siehe Planarbeit

11 Anlagen und Mustervorlagen

Förderplan

Schüler/in: _____ Schuljahr: _____ Klasse: _____

Fördergrund:

Datum	Situation/Material	Ziel der Förderung	Beobachtung und Fortschritt

Bewertungsbogen für Referate

Schüler/in: _____ Datum: _____ Klasse: _____

Thema: _____

	++	+	0	–	– –	Kommentar
Auftreten						
Körperhaltung						
Blickkontakt						
Mimik und Gestik						
Sprache						
Lautstärke						
Sprechtempo						
Freies Sprechen						
Flüssiges Sprechen						
Inhalt						
Gliederung/Struktur						
Umfang						
Sachliche Korrektheit						
Informationsgehalt						
Medien						
Anschaulichkeit						
Kreativität						
Sicherheit im Umgang						
Einbezug von Medien						

Musteranschreiben Bewerbung

Max Mustermann

Musterstr. 11
70649 Musterstadt
Tel. 03641-7792

Max Mustermann · Musterstr. 11 · 70649 Musterstadt

Musterschule

Beispielweg 4
70976 Beispieldorf

29.03.2015

Sehr geehrte Damen und Herren,

hiermit bewerbe ich mich auf die von Ihnen ausgeschriebene Stelle.
Die Ausschreibung interessiert mich, da Deutsch mein studiertes Hauptfach ist.
Zudem habe ich großes Interesse an Ihrem Förderkonzept.

Bereits im Studium legte ich meinen Schwerpunkt im erziehungswissenschaftlichen
Bereich auf die Themen Individualisierung und Differenzierung. Auch die individuelle
Förderung von Schülerinnen und Schülern mit Schwierigkeiten im Deutschunterricht
begleitet mich bereits seit dem Studium. Während meines Vorbereitungsdienstes
arbeitete ich im Arbeitskreis „Individualisierung" der XYZ Schule in XYZ-Stadt.

Im Rahmen meines Lehrauftrages in Deutsch und MNK integriere ich Planarbeit
und differenziertes Arbeiten als maßgebendes Prinzip, um den Schülerinnen und
Schülern die Lernangebote zu schaffen, die sie benötigen. Sowohl das theoretische
Wissen aus dem Studium als auch die praktischen Erfahrungen an meinen Aus-
bildungsschulen während des Referendariats bildeten hierfür die Basis.

Über ein persönliches Gespräch würde ich mich sehr freuen.

Mit freundlichen Grüßen
Max Mustermann

Checkliste für die Lehrprobe/Prüfungsstunde

Vor der Lehrprobe/Prüfungsstunde, und damit einer der wichtigsten Prüfungen inner-halb des Referendariats, gilt es, viele Dinge zu beachten. Um einen Überblick über wichtige Vorbereitungen unmittelbar vor der Prüfung zu erhalten, sollen die wichtigsten Punkte in Form einer Checkliste festgehalten werden.

Formalitäten
- Unterrichtsentwurf in dreifacher Ausfertigung bereitlegen
- Unterschriebene Eigenständigkeitserklärung für den Unterrichtsentwurf anfügen
- Stoffverteilungsplan in dreifacher Ausfertigung bereitlegen
- Detaillierten Stoffverteilungsplan für den Prüfungszeitraum in dreifacher Aus-fertigung bereitlegen
- Tagebuch der Lehrprobenklasse/Prüfungsklasse bereitlegen

Klassenzimmer
- Klassenzimmer aufräumen
- Schild an der Türe anbringen mit der Aufschrift „Lehrprobe/Prüfung – bitte nicht stören!"
- Stühle und Tische für die Prüfer in der hinteren Reihe bereitstellen
- Sitzordnung möglicherweise ändern (bei Partnerarbeit die Schüler im Vorfeld so umsetzen, dass im Unterricht keinerlei zwischenmenschliche Probleme auftreten)
- Tafel gründlich (ohne Rückstände) putzen und auch Tafelrückseiten beachten
- Kreide bzw. Folienstifte zurechtlegen (gut sichtbar, insbesondere für die hinteren Reihen)
- Technische Geräte (Laptop, Beamer, Tageslichtprojektor, CD-Player, etc.) reser-vieren
- Technische Geräte auf ihre Funktion testen und vorbereiten
- Ersatzgeräte für den Notfall bereithalten
- Bei Bedarf Mehrfachsteckdose bzw. Verlängerungskabel besorgen
- Alternativen für technische Geräte einplanen für den Fall eines Stromausfalls oder technischen Defekts
- Sämtliche mediale Einsatzmittel (Tafelanschrieb, Poster etc.) im Vorfeld im Klassen-zimmer erproben bzw. testen

→

Kollegen

- Mentor(en) über die Lehrprobe/Prüfung informieren
- Für den Vertretungsplan zuständigen Kollegen (oftmals von der stellvertretenden Schulleitung übernommen) über die Lehrprobe/Prüfung informieren
- Kollege der vorangehenden Stunde informieren und um pünktliches Beenden der Stunde bitten
- Mögliche Stundenplanänderungen durch außerplanmäßige Lehrprobe/Prüfung an Kollegen weitergeben

Schüler

- Schüler im Vorfeld über die Lehrprobe/Prüfung aufklären
- Schüler über benötigte Materialien (Bücher, Hefte, Kleber, Schere, etc.) informieren
- Schüler über mögliche Sonderaufgaben in der Lehrprobe/Prüfung (z.B. Präsentation) informieren
- Rituale und Regeln mit den Schülern durchgehen
- Neue Methoden im Vorfeld mit den Schülern erproben

Du selbst

- Möglichst fit und ausgeschlafen sein
- Auf deine Kleidung achten (von den Schülern abgegrenzt, schick, aber nicht zu schick)
- Entspannungsübungen im Vorfeld durchführen
- Armbanduhr für das Zeitmanagement tragen
- Prüfer vor der Lehrprobe/Prüfung offen und selbstbewusst begrüßen

☑ **Lehrprobe erfolgreich meistern**

Muster Elternabendeinladung

24.01.2015

Einladung zum 1. Elternabend

Liebe Eltern der Klasse 6c,

hiermit laden wir Sie ganz herzlich zu unserem ersten Elternabend ein.
Wir treffen uns

am Dienstag, den 27.01.2015

um 19.30 Uhr

im Klassenzimmer der Klasse 6c

Tagesordnungspunkte werden sein:

1. Begrüßung
2. Vorstellung der fachlichen Inhalte und Notentransparenz
3. Vorstellung aller in der Klasse unterrichtenden Kollegen
4. Organisatorisches
5. Sonstiges

Mit freundlichen Grüßen

1. Elternvertreter	2. Elternvertreter	Klassenlehrer/in

Beobachtungsbogen für den Unterricht

Name: _____ Datum: _____ Klasse: _____

Thema: _____ Fach: _____

Stundenverlauf:

Zeit	Sozialform	Methode	Medien	Kommentar

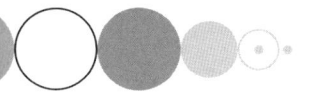

Konferenzprotokoll

Konferenzart:	Datum:	Anwesende:

Allgemeine Notizen:

Zielvereinbarungen:

Termine:

Muster Placemat

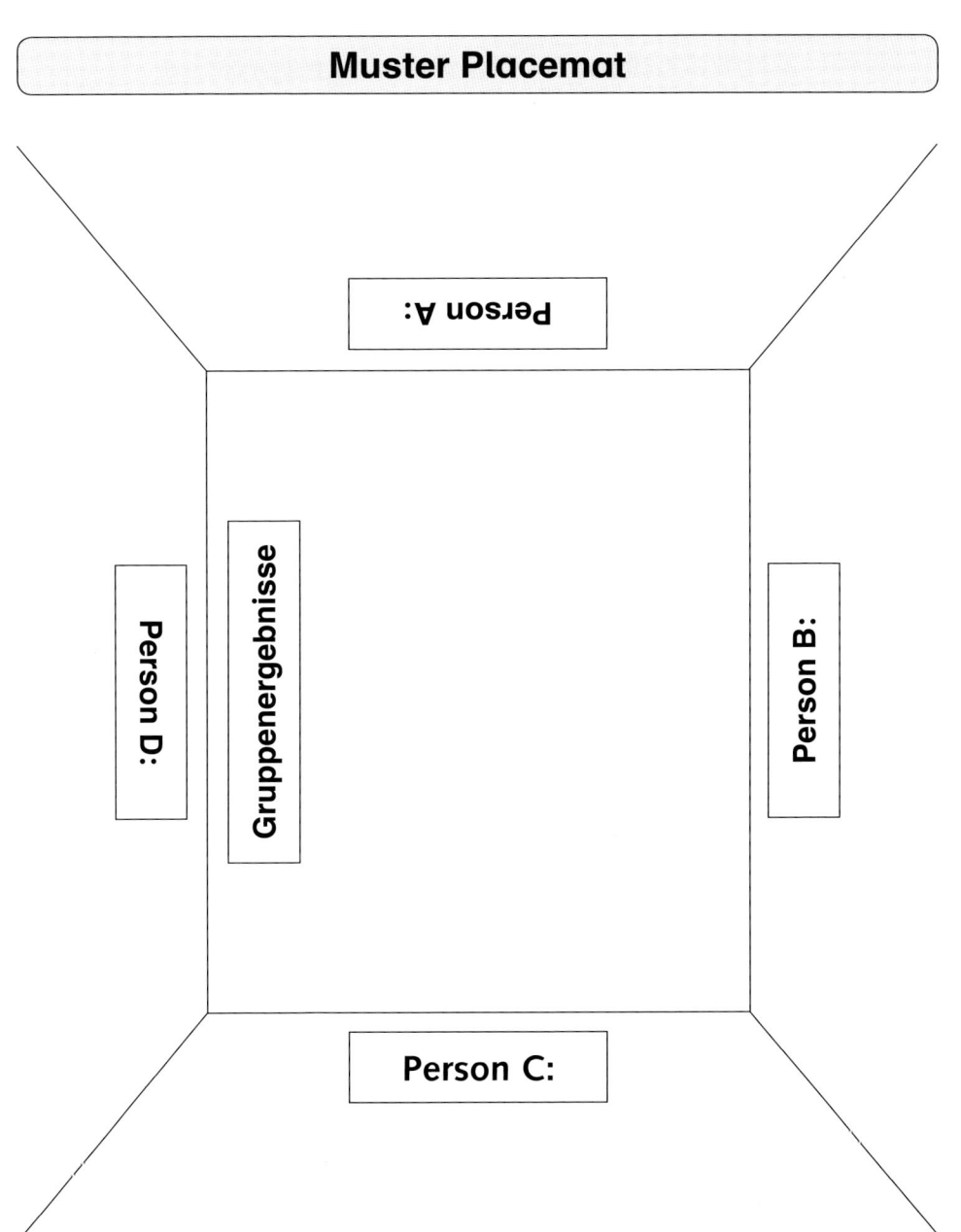

Person A:

Person B:

Gruppenergebnisse

Person D:

Person C:

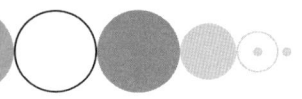

Protokollbogen für Elterngespräche

Datum:	Kind:	Gesprächsteilnehmer:

Gesprächsanlass:

Allgemeine Notizen:

Zielvereinbarungen:

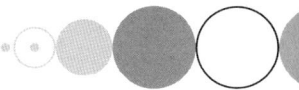

Reflexionsbogen für Unterrichtsstunden

Name: _____ Datum: _____ Klasse: _____

Thema: _____

Wie kamen die Schüler mit dem Material zurecht?

☐   ☐   ☐   ☐   ☐

sehr gut   gut   ausreichend   weniger gut   schlecht

Wie stark konnten die Schüler für das Thema motiviert werden?

☐   ☐   ☐   ☐   ☐

sehr gut   gut   ausreichend   weniger gut   schlecht

Wie wurde das Vorwissen der Schüler eingeschätzt?

☐   ☐   ☐   ☐   ☐

sehr genau   genau   ausreichend   weniger genau   unzureichend

---

Das möchte ich beibehalten:	Das möchte ich verändern:	Neue Ideen, die sich ergaben:

Reflexionsbogen bei Unterrichtsstörungen

Name: _____ Datum: _____ Klasse: _____

Fach: _____ _____

Nimm dir nun in Ruhe Zeit und fülle dieses Blatt sorgfältig und ehrlich aus.

Du hast dieses Blatt bekommen. Was war deiner Meinung nach der Grund hierfür?
Beschreibe dein Verhalten, bevor du dieses Blatt erhalten hast.
Beschreibe, was du vielleicht anders hättest machen können.
Notiere, wie du dich in Zukunft im Unterricht verhalten möchtest.

Schülerfeedbackbogen für Unterrichtssequenzen

AUFGABE:
Wie ging es dir bei der Bearbeitung des Themas?
Denke kurz nach und beantworte dann die Fragen.

Das fiel mir leicht und hat Spaß gemacht:

Das fiel mir schwer / das habe ich nicht verstanden:

Das habe ich dazugelernt:

Das würde ich mir wünschen:

Muster Stoffverteilungsplan

Lehreranwärter: Max Mustermann

Fächerverbund: Mensch – Natur – Kultur

Klasse: 3c

Schule: Musterschule Musterstadt

Zeitraum: Winterferien bis Pfingstferien

Datum	Thema	Inhalte	Angebahnte Kompetenzen[1]
14.03. – 18.03.	**Die Römer** *Einführung*	– Einführung einer Zeitleiste – Erste Orientierung auf der Zeitleiste – Themenfelderöffnung – Aktivieren von Vorwissen – Sammeln von Schüler- fragen	– „Die Schülerinnen und Schüler können sich in größeren Zeiträumen orientieren und Ereignisse und Erlebnisse zeitlich einordnen." – „Die Schülerinnen und Schüler können Ereignisse und Erlebnisse als geschicht- liche Phänomene begreifen."
21.03. – 25.03.	**Die Römer** *Römische Kultur*	– Ausdehnung des römi- schen Reiches in Europa – wichtige Römische Erfindungen – Götter und Tempel	– „Die Schülerinnen und Schüler können Besonderheiten, Unterschiede und Gemeinsamkeiten von Kulturen aus Ver- gangenheit und Gegenwart erkennen." – Die Schülerinnen und Schüler können die Vielfalt und Eigenständigkeit kultu- reller Leistungen anerkennen."

MINISTERIUM FÜR KULTUS, JUGEND UND SPORT BADEN-WÜRTTEMBERG (2004): Bildungsplan für die Grundschule.
Lehrplanheft 1/2004. S.104ff. Stuttgart: Neckar Verlag.

28.03. – 1.04.	**Die Römer** *Alltag der römischen Bevölkerung*	– Vergleich: Schule zur Zeit und Schule heute. – Kleidung erfüllt verschiedene Zwecke – Wohnen und Leben im römischen Reich	– „Die Schülerinnen und Schüler können Besonderheiten, Unterschiede und Gemeinsamkeiten von Kulturen aus Vergangenheit und Gegenwart erkennen."
4.04. – 8 04.	**Die Römer in Süddeutschland** *Römer in Musterstadt*	– Spuren römischer Vergangenheit in Musterstadt – Das Reiterkastell in Musterstadt – Der Limes als Schutzwall – Das römische Heer – Museumsgang	– „Die Schülerinnen und Schüler lernen den Heimatraum kennen, erkunden ihn [...]" – „Die Schülerinnen und Schüler können kulturelle Spuren aus der Heimatgeschichte bewusst wahrnehmen [...]" – „Die Schülerinnen und Schüler können die Veränderungen des Heimatraumes in Vergangenheit, Gegenwart und Zukunft erkennen und hierfür Verantwortungsbewusstsein entwickeln"
11.04. – 15.04.	**Wir erkunden unseren Wohnort** *Orientierung in Musterstadt* *(geografische Dimension)*	– Karten lesen und verstehen – Karten selbst erstellen – Wir verorten unseren Wohnort auf einem Stadtplan	– „Die Schülerinnen und Schüler können Natur- und Kulturräume bewusst wahrnehmen, für sich erschließen und sich in ihnen orientieren"
18.04./19.04.	**Wir erkunden unseren Wohnort** *Orientierung in Musterstadt* *(geografische Dimension)*	– Stadtplan lesen und sich damit orientieren – Stadtrally (Kollegiale Kooperation)	– „Die Schülerinnen und Schüler können Natur- und Kulturräume bewusst wahrnehmen, für sich erschließen und sich in ihnen orientieren"
Osterferien			

2.05.–6.05.	**Wir erkunden unseren Wohnort** *Orientierung in Musterstadt* *(geografische Dimension)*	– Wir informieren uns über Vereine, Denkmäler, wichtige Gebäude und Schulen. – Ergebnispräsentation durch Schülergruppen	– „Die Schülerinnen und Schüler lernen den Heimatraum kennen, erkunden ihn […]"
9.05.–13.05.	**Wir erkunden unseren Wohnort** *Orientierung in Musterstadt (geografische und historische Dimension)*	– Vergleich von Karten und Stadtplänen aus verschiedenen Zeiten – Unsere Stadt ihre Geschichte (Verweis auf Römer, Zusammentragen historischer Spuren) – Kooperation mit „Haus der Stadtgeschichte"	– „Die Schülerinnen und Schüler können sich in größeren Zeiträumen orientieren und Ereignisse und Erlebnisse zeitlich einordnen" – „Die Schülerinnen und Schüler können Ereignisse und Erlebnisse als geschichtliche Phänomene begreifen" – „Die Schülerinnen und Schüler lernen den Heimatraum kennen, erkunden ihn […]"
16.05.–20.5.	**Wir erkunden unseren Wohnort** *Orientierung in Musterstadt* *(historische Dimension)*	– Der Stadtbrand als einschneidendes historisches Ereignis – Symbolische Relikte	– „Die Schülerinnen und Schüler können Ereignisse und Erlebnisse als geschichtliche Phänomene begreifen" – „Die Schülerinnen und Schüler können kulturelle Spuren aus der Heimatgeschichte bewusst wahrnehmen und daraus eigene gestalterische Ausdrucksformen entwickeln." – „Die Schülerinnen und Schüler können die Veränderung des Heimatraumes in Vergangenheit, Gegenwart und Zukunft erkennen"
Pfingstferien			

Checkliste für den ausführlichen Unterrichtsentwurf

Deckblatt

- Thema der Stunde
- Fach
- Datum des Besuchs
- Klasse
- Name der Schule
- Zeit/Stunde und Uhrzeit
- Name des/der Referendar(s)/in
- Name des Mentors
- Name des/der Prüfungsvorsitzenden (bei Lehrprobe/Prüfungsstunde)
- Name des Ausbilders

Inhaltsverzeichnis/Gliederung

1. Bedingungsanalyse
- Institutionelle Voraussetzungen (schulische und räumliche Bedingungen)
- Anthropogene Voraussetzungen (Lern- und Verhaltenssituation der Klasse, soziales Verhalten der Klasse, verhaltensauffällige Schüler, Sitzordnung)
- Situation des Referendars in der Klasse

2. Sachanalyse
- Beschreibung und Analyse der fachlichen Inhalte der Stunde

3. Didaktische Reflexion und Entscheidungen
- Bezug zum Bildungsplan
- Beitrag der Stunde zum Kompetenzerwerb
- Stellung der Stunde innerhalb der Unterrichtseinheit (tabellarisch)
- Bezug der Schüler zum Thema

4. Methodische Reflexion und Entscheidungen
- Kommentierter Unterrichtsverlauf
- Aufführung und Begründung der genutzten Medien
- Beschreibung und Begründung der gewählten Sozialform(en)
- Alternative Möglichkeiten
- Weg(e) der Differenzierung
- Weg(e) der Ergebnissicherung

5. Ziele
- Fachliche Ziele
- Methodische Ziele
- Soziale Ziele
- Personale Ziele

6. Stundenskizze

7. Literatur- bzw. Quellenangaben

8. Anhang
- Geplantes Tafelbild
- Arbeitsmaterialien
- Hefteinträge

9. Eigenständigkeitserklärung
Beispiel: „Hiermit versichere ich, dass ich den Entwurf für die Prüfungslehrprobe/ Prüfungsstunde selbstständig und nur mit den angegebenen Mitteln angefertigt habe und dass alle Stellen, die dem Wortlaut oder dem Sinne nach anderen Werken entnommen sind, durch Angabe der Quelle als Entlehnung kenntlich gemacht worden sind."

Muster Unterrichtsskizze

| Referendar: | Datum: | Schule: |
| | Klasse: | Mentor: |

Thema der Unterrichtsstunde:

Einbettung der Unterrichtsstunde in das Oberthema:

Im Unterricht angebahnte Kompetenzen:

Im Unterricht angestrebte Ziele:

Zeit/Phase	Lehrer- und Schülertätigkeiten	Sozialform	Medien	Didaktisch-metho-dische Hinweise

Muster Smiley-Pass (Verstärkersystem)

Smiley-Pass von _____

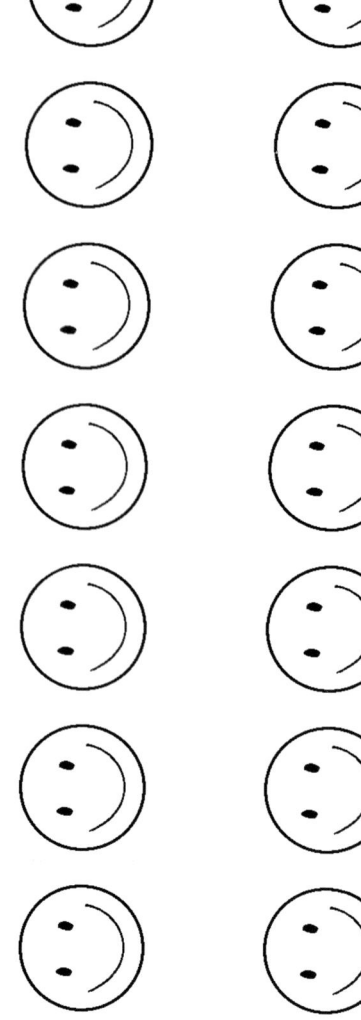
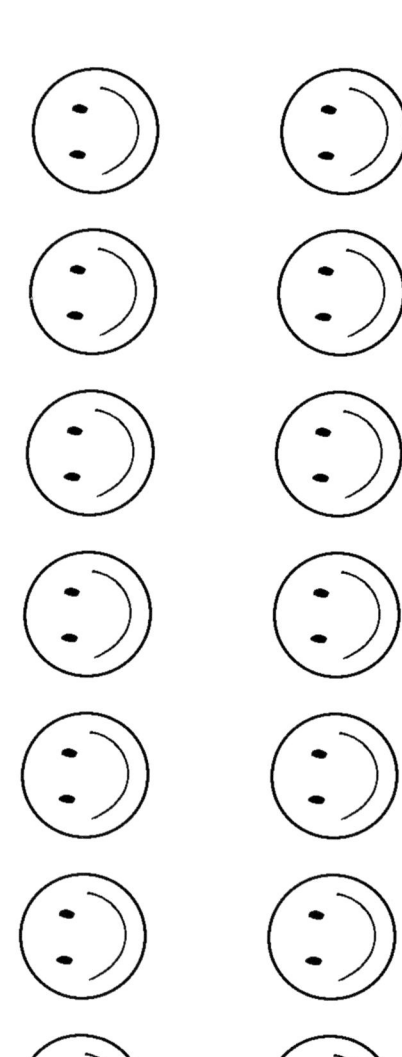